サンエイ新書

27

経済戦争としての本能寺の変

光秀・信長――「人」「カネ」「土地」の真実

大村大次郎
Ohmura Ohjiro

はじめに

明智光秀《あけちみつひで》というと、言わずと知れた天下取りを目前にした織田信長《おだのぶなが》を殺害した謀叛《むほん》人である。

この「本能寺の変」については、信長と光秀の人間関係ばかりに焦点が当てられがちだ。信長の傍若無人《ぼうじゃくぶじん》の振る舞いに、我慢に我慢を重ねていた光秀がついに切れた、などということである。確かにそれもあるだろう。

しかし、本能寺の変には、感情のもつれなどでは語りきれない、別の大きな問題もあるのだ。

それは経済問題である。

というより、経済的問題のほうが要素としては大きかったといえる。

戦国時代というのは、経済的に大きな問題を抱えていた時代だった。

中央政府である室町幕府の財政基盤は非常に弱く、守護や管領《かんれい》などには将軍よりも大きな財力を持っている者もいた。また寺社は巨大な特権を持ち、国の経済の中枢を支配したうえに武装し、社会に大きな影響力を持つようになっていた。

そのため幕府の抑えが利かず、各地で紛争が絶えなくなった。それがエスカレートしたのが応仁《おうにん》の乱であり、戦国時代なのである。

その経済問題を解決すべく、大胆な社会変革を試みた大名がいた。

織田信長である。

信長は複雑に入り組んでいた利害関係を整理し、強力な中央集権政府をつくろうと試みた。寺社の特権を奪い、時には焼き討ちにしてその経済力を削《そ》いだ。

もちろんこのような大きな改革を断行するときには、当然、大きな抵抗も生じる。

明智光秀は、信長にとって非常に信頼できる有能な家臣だった。そして信長の社会改革に最も協力し、腕を振るったのは光秀だった。比叡山延暦《ひえいざんえんりゃくじ》寺の焼き討ちや占領地の検地《けんち》などで、光秀は常人にない働きを見せた。

信長の改革が急速に進んだのは、光秀がいてこそだったのである。


しかし、信長の目指していた改革はその程度ではなかった。

もっと巨大な、当時の社会をひっくり返すような大改革をもくろんでいたのだ。

それは光秀にとっても、信長の改革はラジカルすぎたのである。

信長は、最終的には、鎌倉以来続いてきた武家社会システムをも壊そうとしていた。平安時代のように、中央政府が土地を一元管理する。家臣に与えられた所領というのは、「与える」のではなく「一時的に管理を任せる」に過ぎない。

日本全国の土地土地に武家が群雄割拠《ぐんゆうかっきょ》する時代を終わらせようとしたのである。そうすれば、戦国の争乱も治まり、安定した社会を築くことができるからだ。

晩年の信長は、家臣に与えていた土地を様々な理由をつけて、織田一門に回収するようになっていった。また新たに信長傘下に降《くだ》ってくる武将たちからも、所領を取り上げるようなことをするようになった。

それは光秀自身にも大きな痛みを伴うものだった。

光秀が築き上げてきた様々なものが、信長の一存で一瞬で消えてしまうことも生じるようになっていた。

光秀にとって我慢ならない事態が続くようになってしまったのである。

そして本能寺の変が起きた。

本能寺の変は、光秀個人の怨恨《えんこん》だけではなく、信長の改革に対する武家たちの抵抗の現れでもあるのだ。

つまり、「武家社会を壊そうとした信長」と「武家社会を守ろうとした光秀」が相争ったということである。

本書は、そういう経済視点から本能寺の変を追究したものである。

本書を読了された暁《あかつき》には、おそらく、これまであまり顧《かえり》みられることのなかった信長や光秀の本心が透けて見えてくるはずだ。

大村大次郎

経済戦争としての本能寺の変──目次
光秀・信長──「人」「カネ」「土地」の真実

第2章 信長が秀吉を取り立てた本当の理由

第3章　信長の社会経済改革

第4章　光秀を不安にさせた「近江の所領問題」

第5章　「朝廷の世」に戻そうとしていた信長

第6章　経済視点から見た「本能寺の変」

制作協力：小松卓郎（小松事務所）
校　正：細山田正人
カバーデザイン：髙野　宏（T・ボーン）
本文・図版DTP：小松幸枝（編集室エス）

第1章　光秀という男の素顔

信長よりかなり年上だった光秀

明智光秀《あけちみつひで》の詳しい出自は不明である。

没年齢さえ定かではない。

光秀の没年齢には二つの説がある。一つは、55歳没年説である。

光秀の生涯を記した『明智軍記《あけちぐんき》』には、辞世の句として、

「順逆無二門 大道徹心源 五十五年夢 覚来帰一元」

(順逆二門無し 大道心源に徹す 五十五年の夢 覚め来れば一元に帰す)


というものが載せられている。

この辞世の句の「五十五年夢」という文言から推察すれば、数えの55歳で死去したということになるのだ。

もう一つは、67歳没年説である。

徳川家康《とくがわいえやす》を中心に戦国時代の武将たちの足跡を記した『当代記《とうだいき》』では、67歳で死んだことになっているのだ。

『明智軍記』は、江戸時代元禄《げんろく》年間（１６８８〜１７０４）頃に書かれたとされ、手紙などの一次資料などとは矛盾する内容も見られ、物語性の強いものとなっている。

一方、『当代記』は、江戸時代初期の寛永《かんえい》年間（１６２４〜４４）頃に書かれたとされており、また、物語性などは廃して客観的な事実のみが羅列されている。そのため、『当代記』のほうが史料的価値は高い。

ということは、明智光秀は67歳で死去した可能性のほうが高いのである。

戦国時代の永正《えいしょう》12年（１５１５）生まれということであり、当時としてはかなり高齢の武将だ。織田信長《おだのぶなが》より19歳も年長ということになる。

これではあまりに高齢だということで、55歳説をとる学者も多い。また、映画やドラマなどでも大抵、55歳説を基につくられている。

55歳だったとしても、信長より7歳年上になる。

『当代記』としても明確な資料を基に書かれたものではなく、当時残っていた話などから書かれたものなので、本当に正確というわけでもないだろう。しかし、光秀がかなり高齢だったことは間違いないはずだ。

いずれにしろ、光秀という人物は没年齢さえ不詳だということである。

家系についても、明確なことはわかっていない。

『明智軍記』によれば、室町幕府の初代美濃《みの》守護に任じられた土岐頼貞《ときよりさだ》の孫にあたる明智彦九郎頼重《よりしげ》の後裔《こうえい》とされている。守護とは、幕府から任命された一国の行政責任者のことである。

これは伝記物語にありがちな作り事だともいえないのだ。明智光秀には、「土岐氏に仕えた美濃斎藤氏の流れを汲《く》む斎藤利三《さいとうとしみつ》と縁戚である」という記録や、「妹もしくは姉（従姉妹？）が信長の女房衆（側室ら）にいた」という記録もあり、光秀はかなり由緒ある家柄だったようである。木下藤吉郎《きのしたとうきちろう》（羽柴秀吉《はしばひでよし》、のちに豊臣《とよとみ》秀吉）のような本当に出自がわからないような素浪人ではなかったのだ。

明智光秀は、土岐一族の流れを汲む武家であったことはほぼ間違いない。『京畿御《けいきご》修行記《しゅぎょうき》』『立入隆佐記《たてりりゅうさき》』など史料的価値の高い複数の文書に載っているからである。

総じていえば、光秀はそれなりに高貴な家柄の出身で、かなり高齢の武将だったということは間違いないようだ。

明智光秀略系図

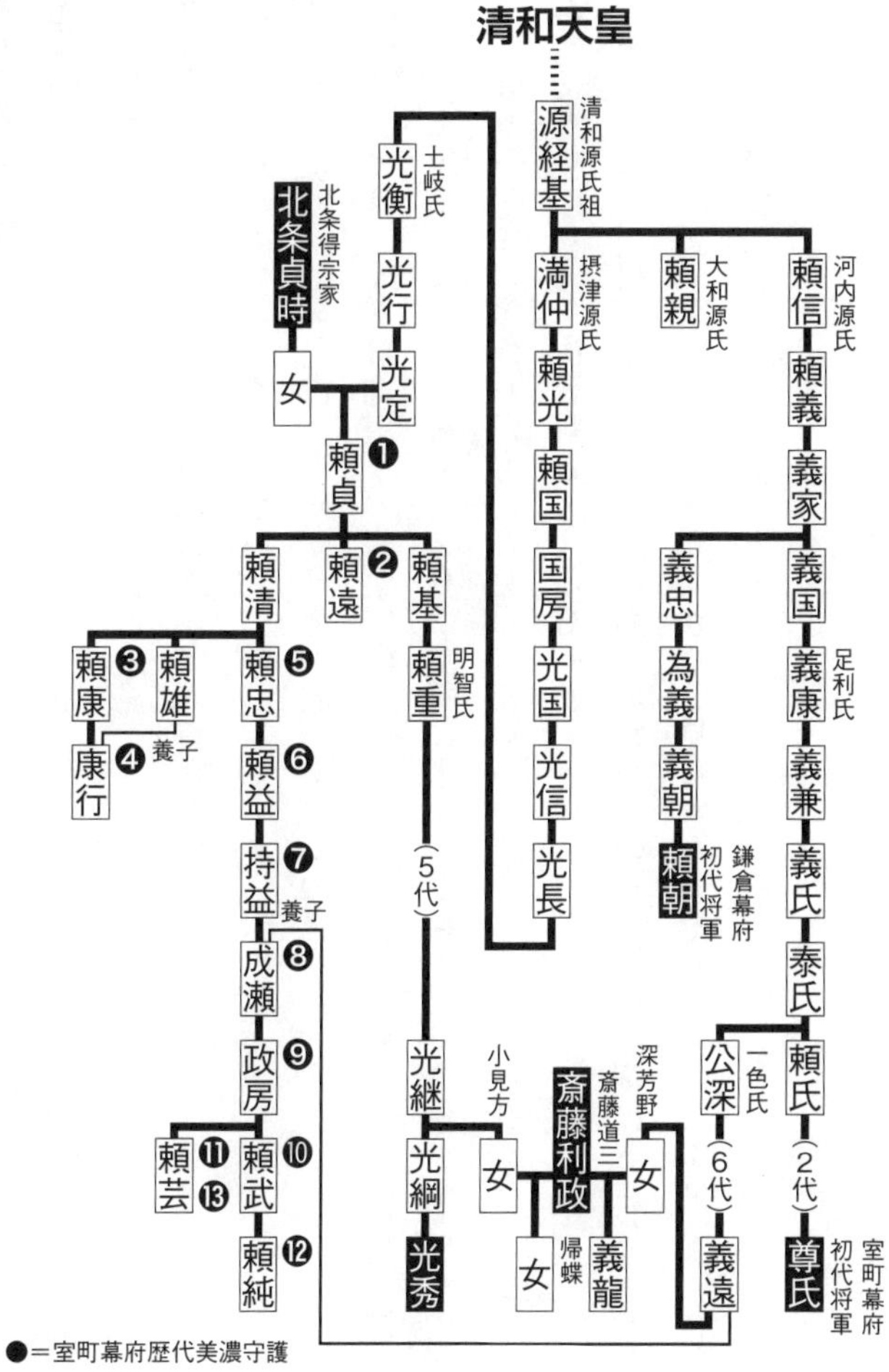
清和天皇
源経基
清和源氏祖
満仲
摂津源氏
頼光
頼国
国房
光国
光信
光長
光衡
土岐氏
光行
光定
北条貞時
北条得宗家
女
頼貞 ❶
頼清
頼遠 ❷
頼基
頼重
明智氏
（5代）
光継
光綱
光秀
頼康 ❸
頼雄
康行 ❹
養子
頼忠 ❺
頼益 ❻
持益 ❼
養子
成瀬 ❽
政房 ❾
頼武 ❿
頼芸 ⓫ ⓭
頼純 ⓬
小見方
女
斎藤利政
斎藤道三
女
帰蝶
義龍
深芳野
女
頼親
大和源氏
頼信
河内源氏
頼義
義家
義忠
為義
義朝
頼朝
鎌倉幕府
初代将軍
義国
義康
足利氏
義兼
義氏
泰氏
公深
一色氏
（6代）
義遠
頼氏
（2代）
尊氏
室町幕府
初代将軍
●＝室町幕府歴代美濃守護

医者で鉄砲の名手

光秀の前半生については、『明智軍記』によれば、1550年代から越前《えちぜん》で、朝倉《あさくら》義景《よしかげ》に仕えていたという。

近年までは『明智軍記』以外にほとんど記録がないとされてきたが、最近になって、光秀の越前時代の新資料が発見された。

『針薬方《しんやくほう》』という医学の古文書に、光秀の名があったのだ。

『針薬方』とは、熊本藩細川家の家臣で医者だった米田貞能《こめださだかず》が残した「米田文書」の中にあった医学に関する文書で、2014年に米田の子孫の家で発見された。永禄《えいろく》9年（1566）頃に書かれたものと見られている。光秀の生きた時代のほぼリアルタイムの文書であり、一次資料といえるものだ。

『針薬方』には、出産や刀傷の治療における針や薬の使用法が詳細に記されており、当時としてはかなり高度な医学情報だったと見られる。そしてこの『針薬方』には、「高嶋《たかしま》田中城に籠城《ろうじょう》したとき、光秀から口伝で教えられたもの」という注意書きが記されている。

高嶋田中城は、足利将軍家の数少ない拠点の一つであり、朝倉氏の勢力圏の境界あたりにあった。戦国時代を通じて幾度か戦乱に遭っている。

光秀がなぜ、田中城に籠城していたのか、その経緯はわかっていない。

『針薬方』によれば、光秀は相当に高度な医学知識を持っていたことが推測され、医学によって生計を立てていた可能性も指摘されている。つまり光秀は、医者だった可能性もあるということだ。

明智光秀は出自も確かではない浪人だが、医学書にその名が記されているくらいなので、「ただ者ではない」存在だったともいえるだろう。

また『針薬方』には、朝倉家に伝わる薬の調合方法も記されていた。家伝薬の調合方法は、なかなか外部の者に明かされることはないので、光秀は朝倉家でも、家臣かそれに類する扱いを受けていたと思われる。

『明智軍記』の「朝倉義景に仕えていた」という記述は嘘《うそ》ではなかったようだ。

先に触れた『京畿御修行記』という文書にも、光秀の名が出てくる。

正式には『遊行《ゆぎょう》三十一祖《そ》　京畿御修行記』といい、遊行寺《ゆぎょうじ》（現・神奈川県藤沢市。時宗《じしゅう》総本山）第31代住職の同念《どうねん》という僧が、代々祖師が京都や東海など諸国を修行したときの記録をまとめ、戦国時代直後の天正《てんしょう》８年（１５８０）頃に書かれたとされる。現存している文書は寛永《かんえい》7年（1630）に書写されたもので史料的価値は高い。

この『京畿御修行記』には、光秀が朝倉氏を頼って越前の長崎称念寺《ながさきしょうねんじ》の門前に10年ほど住んでいたことが記されている。長崎称念寺というのは、現在の福井県坂井市丸岡町長崎にある時宗の寺である。称念寺には、光秀が寺子屋の師匠をしていたという言い伝えも残る。

また光秀は、鉄砲の名手だったとも伝えられる。『明智軍記』には「100人の鉄砲隊の指揮官として500貫文《かんもん》で召し抱えられた」と記されているのだ。

これらの情報から推測すると、光秀は若い頃、世間を渡り歩いて様々な場所で、高度な知識、情報を身に付けてきたと思われる。光秀が将軍家や信長から重用《ちょうよう》されるようになったのも、それが大きな理由だったのだろう。

とにもかくにも、1550年代から60年代にかけて、光秀が朝倉領に居たことは確かなようである。

旧朝倉領には、光秀に関する伝承が多々残されている。

現在の福井市東大味町《ひがしおおみちょう》に「光秀の屋敷跡」と呼ばれているところがある。

この地では、信長軍が朝倉家を攻め滅ぼそうとしたとき、光秀がかつて自分の住ん

明智神社の祠と、光秀公坐像（あけっつぁま）[福井市明智神社奉賛会提供]

でいた地域の人々を戦火から守るために、北陸方面軍指揮官の柴田《しばた》勝家《かついえ》に依頼して安堵《あんど》状《じょう》を出してくれたという伝承がある。そして「光秀の屋敷跡」と伝わる場所には、小さな祠《ほこら》（明智神社）があり、「あけっつぁま」と呼ばれる木彫りの光秀公坐像がまつられ、現在も大切に守り続けられている（ただし、祠は明治時代になって建てられたもの）。

足利義昭の家臣になる

　光秀が越前朝倉領に居たときに話を戻そう。永禄《えいろく》9年（1566）、光秀に大きな転機が訪れる。

　将軍候補だった足利《あしかが》義昭《よしあき》が朝倉義景を頼って越前に下向《げこう》してきたのだ。当時、京都は三《み》好《よし》三人衆によって支配され、足利将軍家による室町幕府も傀儡《かいらい》となっていた。義昭は、朝倉の軍勢を借りて上洛《じょうらく》し、幕府を再興しようと考えていたのだ。

しかし朝倉義景にはその気がなく、義昭はすごすごと引き上げることになる。

このとき光秀は足利義昭と知り合ったようだ。以降、光秀は義昭の家臣のような立場になる（このへんの詳しい経緯もわかっていない）。

光秀というのは、非常に上昇志向が強く、努力家の人物だったといえる。

医学に造詣《ぞうけい》が深かったのも、医学は当時、最先端の学問であり、それを身に付けようとしたのだろう。

また、足利義昭の家臣になったのもそうである。

戦国時代では、幕府というのは存在しないも同然だったというイメージがあるが、じつは決してそうではない。権威はそれなりにあったのである。というより、当時の人々の多くは、まだ「幕府が政治を司っている」と考えていた。戦国時代の人々は、自分が生きている時代が「戦国時代」だとは認識しておらず、「幕府の治政が不安定化した時代」というほどの認識だったのである。

たとえば、越後《えちご》の上杉謙信《うえすぎけんしん》は、幕府に対して「関東管領《かんれい》」に任命してくれるようにたびたび働きかけ、寄進などもおこなっているし、安芸《あき》の毛利元就《もうりもとなり》は、石見《いわみ》銀山を制圧した後、産出された銀を定期的に幕府に献納している。

当時の足利義昭というのは室町幕府15代将軍候補であり、その家臣になることは、将軍の家臣「幕臣」になれるかもしれないということでもあった。

武家にとって幕臣になることは、やはり大きな憧れだったのだ。

また光秀は、「主君を見限る」という傾向がこの頃からあったといえる。

光秀は、朝倉家からそれなりに恩顧《おんこ》を受けていたにもかかわらず、あっさりと足利義昭の家臣になっているからだ。

信長にヘッドハンティングされる

当時、足利義昭は上洛して足利将軍家を再興することを切願していた。

しかし、義昭には京都を支配している三好三人衆に対抗できるような軍事力がない。

そのために全国の有力な武将に協力を仰ぎたかった。

どこの武将も義昭への協力を拒むなかで、尾張《おわり》の織田信長が協力を受諾した。

そして永禄11年（１５６８）、義昭は、信長の支援によって京都に入った。

三好三人衆は信長の大軍勢に恐れをなして京都から離れ、義昭は室町幕府15代将軍の座に就く。このとき、明智光秀は義昭の護衛的な役割を担っていたと見られる。

が、翌年の永禄12年（1569）、信長が岐阜城《ぎふじょう》に戻った隙《すき》をついて、三好三人衆は将軍義昭が滞在していた京都の本圀寺《ほんこくじ》を襲撃した。

このときは、織田方の京都駐留軍や将軍義昭の家臣などの奮闘で、三好三人衆を撃退することができた。信長の最初の伝記である『信長公記《しんちょうこうき》』には、この戦いで「明智十兵衛《じゅうべえ》（光秀）が活躍した」と記されている。光秀は、将軍義昭に近侍し、護衛役も務めていたということである。

この一件により信長の目にも留まったようである。もしくは、前述したように信長の女房衆（側室ら）の中に光秀の妹か姉（従姉妹？）がいたことで、その関係から信長に知られるようになったのかもしれない。

光秀はすぐに信長に重用されるようになった。その後は、足利将軍家と信長の双方に仕えるような状態だった。が、次第に織田家のほうへ傾いていく。

そして将軍義昭と信長の関係が悪化してからは、ほぼ信長の家臣となった。

比叡山延暦寺の焼き討ちで大出世

光秀は、信長のもとで順調に出世していたが、元亀《げんき》2年（1571）には近江《おうみ》の坂本城《もとじょう》城主となり、さらなる大出世を遂げる。

光秀が信長の家臣となったのは永禄12年（1569）頃なので、並み居る他の家臣たちをごぼう抜きにしてわずか2～3年で織田家の重臣の座に躍り上がったのである。

この元亀2年の大出世の直接の要因は、比叡山延暦寺《ひえいざんえんりゃくじ》の焼き討ちだといえる。

比叡山焼き討ちに関する光秀の役割については、諸説あった。

「光秀は、信長に命じられてしぶしぶおこなった」という説もある。

しかし、当時の資料などによれば、それは事実ではない。

むしろ、光秀は主導的に比叡山焼き討ちをおこなっているのだ。

比叡山延暦寺の代々座主《ざす》（延暦寺の最高責任者）に起きた出来事を記した『天台座主記《てんだいざすき》』には、信長軍の焼き討ちについて、「光秀縷々《るる》諫《いさめ》を上りて云《い》う」（光秀が信長にいろいろ諫言《かんげん》した）と記されている。

つまり、延暦寺側は「焼き討ちは、光秀が信長に提言したもの」と認識していたようである。

光秀の提言だったかどうかの真偽は明らかではないが、焼き討ち以前から光秀が延暦寺に対して厳しい姿勢を取っていたことは間違いないようである。

光秀は、すでに焼き討ちの1年前の元亀元年（1570）に、宇佐山城《うさやまじょう》に城将として入っている。宇佐山城は比叡山の麓《ふもと》にある城であり、延暦寺攻撃の最前線の拠点でもあった。

光秀はここで、比叡山周辺の国人衆《こくじん》への懐柔工作などを精力的におこなった。光秀は長く越前朝倉領に居住しており、前述したように比叡山の麓の高嶋田中城に居たことがある。土地勘があったのだろう。信長としても、それを買って光秀を比叡山焼き討ちの最前線に抜擢《ばってき》したと見られる。

光秀が比叡山焼き討ちにどういう役割を果たしたのか、詳細はわかっていない。が、光秀が最前線の宇佐山城の城将だったことや、焼き討ちの後、褒賞として延暦寺の旧領をそのまま与えられたことを考えても、光秀が重要な役割を果たしたことは間違いない。

また、比叡山近辺の国人の和田秀純《わだひでずみ》へ、焼き討ち直前に出した手紙の中に「（延暦寺についた国人衆を）なで斬りにするつもりである」という文言がある。

そもそも信長はなぜ、延暦寺を焼き討ちしたのか？

その経緯は次のとおりである。

元亀元年（１５７０）、浅井《あざい》・朝倉連合軍と戦っていた信長は、延暦寺に対し、「朝倉方に加担しないように」と要請した。

このとき信長は、「仏教徒として、どちらかに加担するのが不都合ならば、中立を守るだけでいい。そうすれば、以前の延暦寺の領地を返還する」と言い、証文まで出している。

にもかかわらず、比叡山は朝倉方に加担した。そこで信長は激怒し、翌年、浅井・朝倉連合軍との戦いが一段落すると、延暦寺を焼き討ちにしたのである。

延暦寺としては、これまで信長からかなり厳しい仕打ちをされてきていた。だから、朝倉方に味方するのは当然であった。信長が「加担するな」と言ってきても、「何を今さら」という感もあっただろう。

信長は、延暦寺が朝倉方に加担する前から、延暦寺の荘園を没収するなどしてきた。最初から延暦寺に対して厳しい姿勢で臨んでいたのだ。だからこそ、延暦寺は信長に反発した。つまり、信長と延暦寺の対決は、当初から避けられようがなかったのだ。

信長、比叡山を焼く『絵本太閤記・上』岡田玉山著　成文社（明治19年）
［国立国会図書館所蔵］

元亀2年（1571）におこなわれた比叡山焼き討ちにより、僧侶や住民も含めて老若男女、数千人が殺されたという。

『信長公記』には、比叡山焼き討ちに関して、次のように記されている。

「山本山下の僧衆、王城の鎮守《ちんじゅ》たりといえども、行躰《ぎょうたい》、行法《ぎょうぼう》、出家《しゅっけ》の作法にもかかわらず、天下の嘲弄《ちょうろう》をも恥じず、天道のおそれをも顧《かえり》みず、淫乱、魚鳥を食し、金銀まいないにふけり」

日本経済を支配していた延暦寺

前述したように、比叡山焼き討ちを主導したのは明智光秀だとされている。

この一件をもって、光秀は残虐な人物だったという見方をされることもある。

しかし、それは早計な解釈である。

というのも、延暦寺は当時の経済社会に巨大な矛盾を生じせしめていたからだ。

寺社というのは、現在の我々の感覚からすれば、静かなところにあって、「葬式や法事のときに世話になる場所」「善良で人畜無害な僧侶たちが修行している場所」というイメージしかない。

しかし当時の寺社というのは、国の政治経済の中枢を握っている「特権階級」のような存在だった。信じ難いことかもしれないが、平安時代後半から戦国時代前半にかけて、日本の資産の多くは寺社が所有していたのだ。

古代から寺社は様々な特権を与えられており、日本の寺社の総本山ともいえる比叡山延暦寺の財力は、戦国時代当時には桁《けた》外れに膨れ上がっていたのである。

延暦寺の荘園の数は、現在わかっているだけでも285か所を数える（『近江から日本史を読み直す』今谷明著・講談社現代新書）。

延暦寺の古記録は、信長の焼き討ちによりほとんど失われており、荘園の記録も多くが不明になっているにもかかわらず、これだけの数の荘園が判明しているのである。

実際の数は、それをはるかに超えたと思われる。しかも延暦寺の荘園は、近畿《きんき》ばかりではなく、北陸、山陰、九州にまで分布していた。

現存する記録から見て、近江の荘園の4割、若狭《わかさ》の3割は延暦寺関連のものだったと推測されるという（『湖の国の中世史』高橋昌明著・平凡社）。

延暦寺は、農地だけではなく、京都の繁華街にも広い領地を持っていた。現存の記録からだけでも五条町に3ヘクタールもの領地を持っていたことがわかっている。

これは、南北朝時代の後醍醐《ごだいご》天皇の二条富小路内裏《とみこうじだいり》と足利尊氏《たかうじ》邸を併せても、さらに広いのである。

当時の京都というのは、日本の首都であり、日本一の繁華街でもある。今で言うならば、「銀座、渋谷あたり」ということになるだろう。そこに3ヘクタールもの領地を持っているのだから、地子銭《じしせん》（地代）だけで相当な額に上ったはずである。

しかも寺社の多くは、その強力な財力を背景にして金貸業をおこなっていた。寺社の金貸業は、当時の経済社会に大きな影響を及ぼした。

戦国時代、金貸業者は「土倉《どそう》」と呼ばれていた。

土倉というのは、今で言う「質屋」とほぼ同様のものである。質草《しちぐさ》を土倉で保管することが多かったからだ。

土倉の多くは寺社が関係しており、しかもその大半は延暦寺が牛耳《ぎゅうじ》っていたといわれている。延暦寺は「山門気風の土倉」といわれた。山門とは、比叡山延暦寺のことである。つまり、延暦寺は土倉の代名詞とさえなっていたのだ。

京都の土倉の8割は、延暦寺の関連だったとされており、全国の土倉に影響を及ぼしていた。

そして、この土倉の利息というのが半端ではなかった。当時ではごく標準的な利息が年利48〜72％だったという（『中世人の生活世界』勝俣鎮夫編・山川出版社「中世後期における土倉債権の安定性」中島圭一著述）。

現代の消費者金融をはるかにしのぐ超高利貸しである。

もちろん、貸金業につきものの「債務不履行」「質流れ」なども頻発した。

京都周辺の各所には、借金のかたに取られた零細な田が点在し、それは「日吉田《ひえでん》」と呼ばれた。

彼らは、借金取り立ての際には、公家《くげ》の屋敷にも乱入することがあった。応安《おうあん》3年（1370）には、延暦寺の債権取り立て人が公家の家に押し入ることを禁止する命令が出されている。それほど厳しい取り立てをしていたということである。

このため、戦国時代においての延暦寺は、日本経済を動かすほどの莫大《ばくだい》な富を持っていたのだ。

たとえば、こういうことがある。

永正《えいしょう》5年（1508）、室町幕府管領の細川高国《ほそかわたかくに》は、日本中の大金持ち団体に対して、通貨に関する新しい命令「撰銭令《えりぜにれい》」を発した。

撰銭令というのは、欠けたり焼けたりした粗悪銭の取り扱いについて定めたものである。この撰銭令を最初に大金持ち8団体に発布することで、全国の経済に影響を及ぼそうとしたのである。

この大金持ち8団体が、当時の国の経済を牛耳っていたといえるわけで、いわば、「戦国時代の八大財閥」である。

その財閥は、次のとおりだ。

・細川高国　管領、右京大夫《うきょうのだいぶ》、摂津《せっつ》など数か国の守護大名
・大内義興《おおうちよしおき》　管領代、左京大夫《さきょうのだいぶ》、周防《すおう》など7か国の守護大名

・大山崎《おおやまざき》　京都の自治都市
・堺《さかい》　摂津の自治都市
・比叡山三塔　近江の天台宗大本山延暦寺3地域
・山門使節　室町幕府が延暦寺の僧侶を統制するためにつくった組織
・青蓮院《しょうれんいん》　京都の天台宗門跡《もんぜき》寺院
・興福寺《こうふくじ》　大和《やまと》の法相宗《ほっそうしゅう》大本山

この八大財閥のうち、じつに四つ（比叡山三塔、山門使節、青蓮院、興福寺）が寺社関連なのである。

そして寺社関連のうち、興福寺以外が延暦寺関連なのである。つまり延暦寺は、日本の八大財閥のうちの三つを占めており、日本最大の財閥だったと言っても過言ではないのだ。

これほど大きな力を持った延暦寺は、当然、政権側から疎《うと》ましがられる。延暦寺を忌み嫌っていたのは、なにも信長だけではない。

平安時代の朝廷も、すでに延暦寺を疎んじていたのだ。

平安時代後期の白河上皇《しらかわ》は、天下三不如意《さんふにょい》（世の中で思いどおりにならない三つのもの）として、「賀茂川《かもがわ》の水」「サイコロの目」、そして「延暦寺の僧」を挙げている。

鎌倉時代の初期の歌人、藤原定家《ふじわらのていか》も、こう述べている。

「妻子を帯《お》び、出挙《すいこ》して富裕なるもの、悪事を張行《ちょうぎょう》し、山門（比叡山）に充満す」（延暦寺には、妻を持ち、子をつくり、高利貸しで巨額の富を蓄えるなど悪事を働く僧が充満していた）

また、鎌倉時代の初期、四度も天台座主《てんだいざす》の地位に就いた慈円大僧正《じえんだいそうじょう》は、次の歌を詠んでいる。

世の中に山てふ山は多かれど 山とは比叡の御山をぞいふ（『拾玉集《しゅうぎょくしゅう》』）

つまり、「山」という言葉だけで「比叡山」を意味したほど、比叡山延暦寺は有名であり、世の中に影響力があったということである。

延暦寺の横暴があまりにひどいので、政権側が征伐したこともあった。延暦寺を焼き討ちしたのは、じつは信長が最初ではない。室町幕府も焼き討ちにしているのだ。永享《えいきょう》5年（1433）のことである。

延暦寺の僧、光聚院猷秀《こうじゅいんゆうしゅう》が不正を働いているとして、他の延暦寺の僧たちが団結して幕府に訴え出た。幕府は、その訴えを聞き入れ、光聚院猷秀を土佐《とさ》に流した。調子に乗った延暦寺の僧たちは、この強訴《ごうそ》に加わらなかった園城寺《おんじょうじ》に因縁《いんねん》をつけ、焼き討ちにしてしまった。園城寺は、延暦寺（山門）から分派し、「寺門《じもん》」と呼ばれていた。現在の滋賀県大津《おおつ》市にあり、「三井寺《みいでら》」として知られる。延暦寺は、園城寺を敵対視しており、強訴のどさくさにまぎれて攻撃したのだ。

これに怒った室町幕府6代将軍足利義教《あしかがよしのり》が、琵琶湖《びわこ》と西近江路《にしおうみじ》を封鎖し、比叡山の麓の坂本の町を焼き払ったのである。

このときは延暦寺側が降伏し、一応、事は収まった。

これは、信長の比叡山焼き討ちの140年ほど前の出来事である。もうこの頃から、政権側は延暦寺に対して「我慢ならん」というところまで行っていたのだ。

延暦寺の目と鼻の先にある朝倉領で10年過ごした光秀は、こういう延暦寺の横暴についても熟知していたはずだ。

だからこそ、光秀は比叡山焼き討ちで大きな戦功を挙げたのである。そして、その褒賞として、近江の滋賀郡《しがごおり》と延暦寺の旧領を与えられたのだ。

将軍義昭を見限った理由は所領の多寡!?

当時、光秀は坂本城において、滋賀郡一帯と比叡山延暦寺旧領の統治をおこないつつ、「浅井・朝倉連合軍殲滅作戦《せんめつ》」の一翼も担っていた。

元亀元年(1570)の姉川《あねがわ》の戦いで織田・徳川連合軍が浅井・朝倉連合軍に大勝したことにより「勝負がついた」状態にはなっていた。が、まだ浅井家も朝倉家も相当の勢力を持っていた。

そこで信長は、浅井・朝倉方についている近江周辺の国人衆を切り崩し、浅井・朝倉連合軍を殲滅してしまおうとした。

延暦寺の焼き討ちも、その殲滅作戦の一環だったといえる。

元亀3年(1572)、信長は、浅井氏の本拠地である北近江に大軍を率いて攻め込んだ。浅井氏は朝倉氏に援軍を求め、信長対「浅井・朝倉」の全面対決となった。

『信長公記』によると、このとき光秀は、堅田衆《かただしゅう》の棟梁《とうりょう》だった猪飼甚助《いかいかんすけ》らとともに囲船《かこいぶね》をつくって、浅井氏の重要拠点だった海津浦《かいづうら》、塩津浦《しおづうら》、竹生島《ちくぶしま》を攻撃したとのことである。

堅田衆とは、琵琶湖で勢力を誇っていた海上民のことで、強力な水軍を持っていた。光秀は、この堅田衆を巧みに傘下に収め、織田軍の作戦に参加させていたのだ。

囲船というのは、矢倉で覆われ、鉄砲や原始的な大砲などを積んでいる武装船のこと。堅田衆は造船技術も優れており、この囲船は当時としては最新鋭の船だった。

光秀は、この強力な武装水軍を率いて、浅井・朝倉連合軍を攻撃した。

光秀にとって朝倉家は、5～6年前まで仕えていた主君である。その朝倉家に弓を引いているのだ。

将軍足利義昭の奉公人になったときしかり、光秀には主君を見限る傾向が、「本能寺の変」以前から明確にあったといえる。

光秀は、近江の滋賀郡を任されると同時に、京都の行政にも携《たずさ》わる。

京都所司代の村井貞勝《むらいさだかつ》とともに、京都の「知事」的な仕事を任されたのだ。このとき、朝廷との交渉役などもおこなっている。

京都は当時の日本の首都であり、その行政を任されるとは、当然のことながら、光秀の行政手腕が相当に買われていたということである。

この頃から、信長と、将軍義昭の関係が悪化する。

前述したように光秀は、しばらくは信長と義昭双方の家臣という立場だったが、両者の関係が悪化してからは信長の家臣という立場を鮮明にするようになる。

京都の東寺《とうじ》（教王護国寺《きょうおうごこくじ》）に伝わる「東寺百合文書《ひゃくごうもんじょ》」によると、光秀は義昭から山城国下久世庄《やましろのくにしもくぜのしょう》の土地をもらっていたという。義昭から見れば、わずかに残っていた幕府領の一部を光秀に与えたわけであり、光秀をかなり優遇していたということだ。

しかし、信長から与えられた滋賀郡は、それよりもはるかに大きい。上昇志向の強い光秀は、将軍義昭をあっさり見限り、信長についたというわけである。

光秀は一方で、人を見る目もあったようである。

室町幕府はまだ倒れておらず、形式的には足利政権が続いている状態だった。当時の常識として、室町幕府15代将軍足利義昭は一応、日本の最高権力者であり、諸大名たちも相応の敬意を払っていた。

一方、信長は、軍事的には強力だったとはいえ、まだ天下の一勢力に過ぎなかった。

そんななかで光秀は、将軍義昭の権威ではなく、信長の将来性に賭けたのである。

短期間で織田家の重臣となれたのはなぜか

光秀は、信長の勢力圏拡大に比例するように、織田家での存在感が増していった。

天正《てんしょう》3年（1575）から始まった丹波《たんば》攻略では、軍指揮官に任命された。

織田家の家臣としては、北陸攻略の柴田勝家、石山本願寺攻略の佐久間信盛《さくまのぶもり》に続く、ほぼ三番目の軍指揮官就任である。この頃、光秀は織田家の中でほぼ三番手クラスの重臣となっていたといえる。

織田家に入ってわずか5〜6年で、このような重要な地位に上り詰めたのである。

なぜ、光秀がこれほど短期間で出世できたのか？

その理由は大きく二つ考えられる。

一つは、信長が実力主義を採っていたということである。

草莽《そうもう》の木下藤吉郎（羽柴秀吉）を重用したように、信長は実力のある者を積極的に登用していたことで知られている。

「門閥を廃して実力のあるものを登用する」というのは、組織活性化のために太古からいわれてきた方策である。「大化の改新」「明治維新」などでも、「門閥廃止」が重要なテーマとなっている。

が、実際に門閥を廃して実力主義を採ることは、なかなか難しいのである。

戦国時代は「下剋上《げこくじょう》」といわれ、「家柄に寄らず実力次第で成り上がっていけた」というようなイメージがある。

が、出自もよくわからないような身分の者が大名にまで上り詰めた例は、秀吉や、山城《やましろ》の油商人から美濃の戦国大名となった斎藤道三《さいとうどうさん》など数えるほどしかいない。やはり戦国時代でも、門閥は出世に大きく影響していたのである。

そんななかで、革新性の強い信長は、名目だけではなく、実際に「実力のある者」「本当に手柄を立てた者」を抜擢、登用しようと努めてきた。

その結果、出自のよくわからない秀吉や、新参者の光秀も大出世できたのである。

もう一つの理由は、織田家の経営上のことである。

織田家では「家臣に与える所領」の意味が、他家とはかなり違っていたのである。

武家社会の常識として、君主が家臣に与えた所領は、家臣が永遠に所有するのが建前だった。いわば、土地の所有権を与えたも同然だった。

が、信長の場合は、そういう武家社会の常識を打破しようとしていた。家臣に所領を与えても、それは一時的に管理を任せているだけ。「本当の所有権は信長にある」ということである。

だから、信長の一存で所領は取り上げられることもあるし、他の土地に「国替え」になることもある。それは、平安時代以前の律令《りつりょう》制度に近いものだった。

平安時代以前、土地はすべて朝廷が所有し、農民はそれを貸し与えられているだけ。朝廷は「国司」という役人を各地方に派遣し、徴税や行政をおこなわせる。そういう仕組みになっていた。

信長の家臣たちは、平安時代以前の国司と同じように、「信長の代理として土地を一時的に管理しているだけ」ということだった。

詳しくは第５章で述べるが、信長は、武家社会の封建制度を壊し、律令制度のような中央集権的な社会システムを構築しようとしていたのである。

だから信長が家臣に所領を与えるというのは、織田家の土地の管理を家臣に代行させるわけなので、他の大名に比べるとかなりハードルが低いものだった。そして、より優秀な者がより多くの土地を任せられることになった。そのため、光秀は織田家家臣の中でも、とくに広い所領を与えられていたのだ。

ところがこのシステムは、当時の武家の価値観を壊すものでもあった。

武家というのは、土地の授受によって主従関係が生じ、自分の土地を守るために戦うという価値観のなかで生きていた。「一所懸命」という言葉は、武家が自分の土地のために命懸《いのちが》けで戦ったことが由来となっているのだ。

武家にとって土地は、子々孫々に残すためのものだった。

しかし信長の方針は、そうではなかった。

「土地は織田家のものであり、家臣に与える土地は一時的に貸し与えているだけ」ということである。家臣にとっては、相当にドラスティックな価値観の変動といえる。

この大きな価値観の違いが、「本能寺の変」を引き起こす一つの要因ともなるのだ。

第2章　信長が秀吉を取り立てた本当の理由

秀吉が西国攻めの軍指揮官に大抜擢される

織田家の中で飛躍的に出世していた光秀だが、天正《てんしょう》5年（1577）、大きな暗雲が立ち込める。光秀を差し置いて、羽柴秀吉《はしばひでよし》が中国方面軍指揮官に大抜擢《だいばってき》されたのである。

この秀吉大抜擢の背景には、光秀にとって大きな圧力を感じざるを得ないものがあった。

ご存じのように秀吉は、草莽《そうもう》から身を立てて太閤《たいこう》となり、天下を手中にした立志伝中の人物である。そして秀吉の出世には、何と言っても信長の取り立てが大きい。信長は、「小者《こもの》」と呼ばれる小間使いのような身分だった木下藤吉郎《きのしたとうきちろう》（羽柴秀吉）を見出し、織田家の重臣にまで昇進させた。

が、このときの中国方面軍指揮官大抜擢には、ただ秀吉の能力を評価したというだけではない、穏やかならぬ理由が垣間《かいま》見えるのである。

というのも、秀吉はこの大抜擢の直前に、致命的な大失態を演じているのだ。柴田勝家《しばたかついえ》が率いる北陸方面軍の与力《よりき》（援軍）として越前《えちぜん》に借り出された秀吉は、勝家と衝突し、信長の許可も得ずに戦線を離脱して帰ってきてしまったのだ。

信長は規律違反に非常に厳しい人物である。

『信長公記《しんちょうこうき》』には、軍規を犯して一般女性にちょっかいをかけた兵士をその場で手打ちにしたり、信長の留守中に無断で物見遊山に出かけた家中《かちゅう》の女たちを全員処刑したという話も出てくるほどだ。

だから、戦争中に軍指揮官の指示を聞かずに戻ってくるなどということは、織田家では万死《ばんし》に値する行為なのだ。

しかし、この秀吉の行為に対して、信長は何も罰しなかった。

それどころか、むしろ大きな褒賞を秀吉に与えた。この年の10月に、秀吉は中国方面軍の指揮官として大軍を任され、播州《ばんしゅう》に赴《おもむ》いたのだ。

秀吉が任されていた中国方面軍は、柴田勝家の北陸方面軍に匹敵するほどの規模であり、秀吉はこの時点で織田家家臣ナンバー２の地位に上り詰めたといえる。

じつは秀吉は当時、これほどの地位にはいなかった。

確かに秀吉は信長から重用《ちょうよう》されていたが、北近江《おうみ》の坂田郡《さかたごおり》を与えられていたに過ぎず、戦線においても、一軍の指揮官というよりは与力的な立場だった。

丹波《たんば》攻略を任されていた明智光秀、石山本願寺との戦いを任されていた佐久間信盛《さくまのぶもり》、摂津《せっつ》一国を与えられていた荒木村重《あらきむらしげ》などのほうが、秀吉よりも立場は上だった。秀吉は、織田家家臣の中で、ようやくナンバー10に入るという位置だったのである。

さかのぼれば天正3年（1575）5月、信長は、朝廷に重臣たちの任官を奏上《そうじょう》している。『信長公記』には、このとき任官された者として、明智光秀、丹羽長秀《にわながひで》らの名前が挙がっているが、秀吉の名はない。秀吉もこの前後に任官されたようだが、この時点では、秀吉はそれほど重要視されていなかったということでもある。

また信長は、天正4年（1576）頃から自分が戦場に出て指揮することはほとんどなくなり、家臣を大将にして一軍の指揮をさせるようになっていた。

いわゆる「方面軍」方式である。

この方面軍において、最初に軍指揮官を任されたのは柴田勝家である。その次に、明智光秀。天正5年（1577）の段階では、秀吉はまだ方面軍を与えられていなかったのだ。

秀吉は越前で重大な規律違反をしたにもかかわらず、西国攻めが決定すると、いきなり、中国方面軍指揮官に大抜擢されたのだ。

西国攻めというのは、信長にとって積年の課題であり、天下取りのための最終仕上げのようなものだった。その重要な戦線を秀吉に任せたのだ。

信長に取り入る秀吉の目論見

なぜ、秀吉は異常な大抜擢をされたのか？

「秀吉が武将として優秀だった」というのは、もちろんある。

信長が、秀吉の戦争遂行能力や調略の能力を評価し、「秀吉ならばできるはずと見込んで中国方面軍指揮官に任命した」というのも真実の一部ではある。

が、秀吉以外にも、明智光秀など信長が評価していた武将たちは多々いるし、彼らは結果も残しているのである。彼らとて戦争遂行能力や調略の能力は高い。しかも、秀吉よりも立場が上の者が多数いた。

秀吉が抜擢されれば、「面白くない」と思う武将たちはかなりいたのである。

なのに、なぜ秀吉が大抜擢されたのか？

その大きな理由として、「秀吉が、信長の四男（於次《おつぎ》）を後継養子にした」ということが挙げられる。

天正4年（1576）、秀吉は嫡男《ちゃくなん》だった石松丸《いしまつまる》を亡くしている。

この直後、秀吉は、信長に「四男の於次を後継養子に欲しい」と申し出ているようである。そして、於次を「羽柴秀勝《はしばひでかつ》」と名乗らせ、自分の後継ぎにしたのだ。

秀勝がいつ、秀吉の養子になったのかは明確にはわかっていない。が、天正8年（1580）に秀吉が長浜八幡宮《ながはまはちまんぐう》に奉加《ほうが》（寄進）した際、奉加状に秀吉と連名で秀勝の名が記されているので、それ以前に養子縁組が成立していたはずである。

養子縁組の準備期間や下相談などを考えれば、石松丸が亡くなった直後くらいには申し出をしていたものと考えられる。

信長とすれば、息子を秀吉の後継養子にすることで、秀吉に与えた所領はすべていずれ織田家に還《かえ》ってくるということである。

秀吉が大きな軍功を立て、秀吉に広大な所領を与えたとしても、それは織田家の土地が増えるのと同然である。

だから信長は、安心して秀吉を重要な任務に就かせることができる。

秀吉としても、それをまず念頭に置いての養子縁組の申し入れだったと思われる。

秀吉には今まで子ができず、せっかくできた子も夭逝《ようせい》してしまった。

（ならば、後継ぎがいないというネガティブな状況を逆手にとって出世の道具にして

やろう)

秀吉には、そういう考えが必ずあったはずだ。

当時、信長は織田家に所領を集中させたいと考えていた。秀吉もそのことは、間違いなく知っていただろう。自分が養子縁組の申し出をすれば、信長は喜んで受け入れるはずだと。

そして秀吉の目論見《もくろみ》は、ズバリ当たったのである。

武家社会が抱えていた切実な経済問題

「織田家に所領を集中させるために秀吉を大抜擢するとは、信長はなんとケチな奴」と思われる方もいるだろう。

が、この部分については、若干、説明が必要である。

じつは、秀吉大抜擢の背景には織田家の深刻な経済問題があったのだ。

というのも当時の武家政権は、構造上の欠陥を抱えていた。

武家社会は、幕府が武家に、そして武家がその家臣に土地を与えることで組織が成り立っている。が、土地を与えれば、その分、財政源が減る。

国の行政や治安は幕府が担っており、それなりの財政源が必要である。武家に土地を与えると、幕府の財政源が減ることになる。

詳しくは第3章で述べるが、鎌倉幕府以来の武家政権というのは、この構造上の欠陥に悩まされてきたのである。室町幕府が崩壊し、戦国時代になってしまったのも、幕府の財政源があまりに少なく、武家の争乱などを自力で抑えることができなかったことが、大きな要因なのである。

信長も、この武家政権の構造上の欠陥について、当然、意識していたはずである。だから天下平定が見えてきた頃からは、織田家に所領が集中するように仕向けるようになったのだ。

まだ信長が激しい天下取り戦争をしていた頃は、まず織田家の勢力圏を拡大することが優先された。だから、その頃の信長は、織田家の臣下に降《くだ》ってくる武将たちに簡単に「所領安堵《あんど》」を認め、「活躍次第で新規の土地も与える」と約束することが多かった。

たとえば朝倉氏との戦いにおいて、早い段階で寝返った朝倉家の家臣、前波吉継《まえばよしつぐ》には「越前守護代」の地位を与えている。これは、前波吉継の朝倉家での地位から見れば大抜擢だった。同様に、朝倉家家臣の富田長繁《とだながしげ》が信長についたときには、越前の南条郡《なんじょうごおり》府中が与えられた。

摂津《せっつ》池田家の家臣だった荒木村重は、信長が将軍足利義昭を擁《よう》して上洛《じょうらく》したときにいち早く帰順したため、摂津一国を与えられている。

また、新たな占領地も家臣たちに気前よく与えた。浅井《あざい》・朝倉連合軍との戦いに勝利した信長は、近江の地を家臣に分配した。

が、天下平定が見えてくると、信長の方針には「織田家の勢力圏を広げること」と同時に「織田家の土地を増やすこと」にも主眼が置かれるようになった。信長は、石山本願寺以外の近畿《きんき》一帯をほぼ平定した頃から、織田家になるべく所領が集中するように仕向けるようになったのだ。

織田家に所領を集中させることで財力をつけ、安定的な政権運営をしようとしたわけである。

そしてこの経済問題は、織田家の中で様々な軋轢《あつれき》を引き起こし、「本能寺の変」の要因の一つともなっていくのである。

秀吉大抜擢に反発した荒木村重

天正5年（1577）の秀吉を西国方面軍指揮官とする大抜擢も、織田家への所領集中政策の一環だといえる。

が、秀吉を大抜擢すると、当然、反発する家臣も出てくる。

その表れといえるような事件が、秀吉大抜擢から1年後の天正6年（1578）10月に起こる。

荒木村重の謀叛《むほん》である。

荒木村重は、もともとは摂津池田家の家臣だったが、信長に気に入られて元亀《げんき》2（1571）年に織田家の家臣となり、2年後には茨木城《いばらきじょう》城主、3年後には伊丹城《いたみじょう》城主となり、摂津一国を任された。以前の主君である池田知正《ともまさ》を家臣にするなど、短期間で破格の大出世をした武将である。

しかし、織田家に入ってから7年後、村重は突如として信長に反旗を翻《ひるがえ》すのだ。

西国攻めの播州《ばんしゅう》制圧作戦に秀吉軍の一翼として参加していたとき、毛利《もうり》方と通じて伊丹城に籠《こ》もったのである。説得に来た秀吉方の黒田官兵衛《くろだかんべえ》を城内に監禁したという、あの事件である。

秀吉大抜擢以前の村重と秀吉の立場は、どちらかというと村重のほうが上だった。村重は「摂津」という要衝《ようしょう》を任されていた。摂津は、現在の大阪や神戸も領内に擁しており、信長の天下取り戦略において重要な地域だった。しかも摂津は、西国の抑えとしても重要拠点だった。その重要な拠点地域を丸々一国与えられていたわけだ。だから村重としては、西国攻めのときには自分が総大将になるものと思っていたはずだ。が、蓋を開けてみると、自分より格下と思っていた秀吉が総大将であり、自分は与力的な役割で秀吉の指揮下に入らなくてはならなくなったのだ。

不満が生じてもおかしくないところである。

また村重としては、信長から摂津一国を与えられていたが、それは旧来の意味での「一国一城の主《あるじ》」とはほど遠いものだった。

織田家では、家臣に所領を与えても、その所領の統治に厳しい制約を課した。織田家のルールに従って統治しなくてはならなかったのだ。

当時、所領を統治するのは容易ではなかった。全国の土地土地には「国人《こくじん》」や「地侍《じざむらい》」と呼ばれる土着の豪族たちが根を張っている。国人衆や地侍たちが実質的に土地を占有していることも多かった。信長から所領をもらうとき、それらの土豪たちをすべて片づけ、まっさらな状態で与えられるわけではない。土豪たちがひしめき合い、土地の利権が絡み合った状態で与えられるのだ。所領を統治するためには、そういう面倒な状況を一つずつ解きほぐしていかなければならない。

信長以外のほとんどの領主は、そういう土地の複雑な問題を放置していた。下手《へた》にこの問題に手を突っ込むと、国人衆や地侍たちの反抗に遭うからである。

しかし信長の場合、そういう問題をなあなあにはしなかった。

自分の勢力圏では、土地の領有関係などを明確にし、土地の広さに応じて税負担や労役負担を課した。

村重の摂津領でも、当然、それを求められた。

もちろん、国人衆や地侍は反発した。そして彼らの中のかなりの勢力が石山本願寺方につくなどして、村重も苦悩していた。

この時期はまだ、信長は石山本願寺と熾烈《しれつ》な戦いを繰り広げていた。

摂津領内には、石山本願寺と通じた国人衆や地侍が大勢おり、村重はその圧迫を受けていたのだ。

（いっそのこと自分も石山本願寺に加勢して、秀吉軍を背後から突けば、織田方は総崩れになるのではないか？　このまま織田方にいても、これ以上の出世は望めず、どこの馬の骨ともわからない秀吉に使われるだけ。だったら一旗揚げようじゃないか）

村重にそういう思念が生じたとも考えられる。

もちろん、秀吉への対抗意識だけが動機ではなく、所領統治のいろいろな要素が混ざり合っての謀叛だろう。が、秀吉への対抗意識が謀叛を起こす判断材料の一つとなっていたことは、まず間違いないだろう。

じつはこのとき、光秀も、村重と似たような立場だった。

天正5年の秀吉大抜擢以前、光秀は確実に秀吉よりも立場が上だった。

光秀は、比叡山延暦寺《ひえいざんえんりゃくじ》の旧領を与えられ、丹波攻略の軍指揮官も任されていた。光秀もそれに応え、丹波攻略を迅速に遂行していた。西国を攻めるのであれば、丹波攻略の勢いを駆って光秀に任せるのが妥当だともいえる。光秀としては、当然、そういう心づもりでいたはずだ。

だから光秀にしても、秀吉大抜擢に対して相当悔しい思いをしていたことは想像に難くない。

しかし光秀は、このときはまだ行動に移していない。むしろ、荒木村重の謀叛を鎮める側に回ったのだ。

信長の所領集中政策①「息子を養子に出して有力武家を乗っ取る」

信長がおこなった織田家所領集中政策はかなり露骨なものだった。

じつは、信長が息子を有力武将の後継養子にしたという例は、秀吉以外にも多々あるのだ。

信長の三男、信孝《のぶたか》もそうである。

永禄《えいろく》11年（1568）、信孝は10歳のときに、伊勢《いせ》北部の大名、神戸《かんべ》具盛《とももり》の後継養子となった。

神戸家は代々、伊勢の豪族で、信長の時代には伊勢北部で最も大きな勢力を誇っていた。しかし永禄10年（1567）に信長軍の侵攻が始まり、翌年、信長の臣下に降った。そして和睦の条件として、信長の三男、信孝を後継養子とすることになったのだ。

事実上、信長の神戸家乗っ取りである。

しかも、信孝を養子に出してわずか3年後には、「信孝を冷遇した」という難癖をつけて、具盛を強制的に隠居させ、南近江蒲生郡《がもうごおり》の日野城《ひのじょう》に幽閉した。

この信孝は、その後も、織田家所領集中政策の道具として使われることになる。信長の没年である天正10年（１５８２）には四国征伐軍の総大将に任じられ、このときも阿波《あわ》の三好康長《みよしやすなが》の後継養子になることが決まっていた。

康長は、信長が京都を制圧する前に京都を支配していた三好三人衆の一門である。三好三人衆と康長は一時、信長と敵対状態にあったが、のちに和睦。この四国征伐の時点では信長方についていた。

康長は四国の国人衆に影響力を持っていたため、信孝を康長の後継養子にすることで、四国征伐をスムーズに遂行させようとしたのである。また、このとき信長は、康長に阿波一国を与えると決定しているが、この阿波もゆくゆくは信孝のものになるという寸法だった。

信孝は、じつに二度も有力武将のもとへ養子に行き、その武将の所領を織田家に分《ぶん》捕《ど》ってきたのである。

そして信長の次男、信雄《のぶかつ》も、有力武将の後継養子となっている。

信雄が養子に行った先は、北畠《きたばたけ》具房《ともふさ》である。

具房は、伊勢の国司である北畠家の9代目当主だった。「国司」というのは朝廷の官職であり、一国の行政を担う「知事」的な役割だった。国司の多くは、鎌倉時代以降、有名無実化したが、なかには地方の豪族として生き残り、戦国大名となった者もある。北畠家もそういう戦国大名化した国司だった。

北畠家は伊勢で最大の勢力を持っていたが、永禄12年（1569）に信長軍の伊勢侵攻を受けた。具房は大河内城《おおかわちじょう》で籠城《ろうじょう》するも力尽き、信長の臣下に降った。このときの和睦の条件が、信長の次男、信雄を後継養子にすることだった。

名門大名たる北畠家は、この時点で織田家に乗っ取られたことになる。そして事実上、天正3年（1575）に信雄が家督を継いだため、北畠家の所領は完全に織田家に吸収されてしまった。しかも、具房は翌年には幽閉されてしまう。前述の神戸具盛と非常によく似た運命をたどるのである。

また、信長の織田家所領集中政策には、息子だけでなく、甥《おい》の信澄《のぶずみ》も使われている。信澄は、信長の弟である信行《のぶゆき》の嫡男だ。

信長と信行には深い因縁《いんねん》がある。信長の家督相続に反対する家臣たちが、弟の信行を推《お》そうとしたのだ。そのため織田家では家督争いの戦乱まで起きている。この戦乱は信長方の勝利に終わり、信行は信長によって謀殺された。が、信行の嫡男の信澄は柴田勝家によって養育され、他の子供たちも許された。

この信澄を信長は買っていたようで、かなり重用している。

信長と浅井・朝倉連合軍が戦っていた元亀２年（１９７１）、浅井家家臣の磯野《いその》員《かず》昌《まさ》は、居城だった北近江の佐和山城《さわやまじょう》を囲まれ、敵中に孤立してしまった。そして員昌は信長の臣下に降った。

員昌への降伏の条件は、信澄を後継養子にすることだった。

員昌は浅井家の中で先駆けて降伏したということで、当初は織田家の家臣として優遇されていた。旧領を安堵されたうえに高嶋郡《たかしまごおり》まで新たに与えられたのだ。

しかし員昌も、次第に信長から疎《うと》んじられるようになる。

員昌は天正６年（１５７８）、信長に叱責《しっせき》されたことで出奔《しゅっぽん》した。もちろん員昌の所領は、信澄が継ぐことになった。

このように信長は、次男、三男、四男、甥などを有力武将の後継養子に入れているのだ。

信長の所領集中政策② 「息子に戦功を挙げさせ、織田家の領地を増やす」

信長は天正3年（1575）あたりから、息子たちを総大将（軍指揮官）や副官に据えることが増えてきた。とくに嫡男の信忠《のぶただ》は18歳頃から一軍の総大将に任命され、数々の戦闘に参加している。

息子たちに重要な役割を担わせて戦功を挙げさせ、優先的に論功行賞をおこなおうということである。そして息子たちが失敗しないように、歴戦の猛者《もさ》たちを参謀としてつけるのである。

そして信忠は、天正10年（1582）の甲州《こうしゅう》征伐のときに総勢5万の大軍を率いて、この作戦を成功させている。

しかし武田家は、7年前の長篠《ながしの》の戦いで大敗北を喫しており、すでに勢力を大きく削《そ》がれていた。そのため、それほど難しい戦いではなかったのだ。

しかも信忠軍には、滝川一益《たきがわかずます》、森長可《もりながよし》、河尻秀隆《かわじりひでたか》、毛利長秀《もうりながひで》など歴戦の猛者たちがつけられ、徳川家康《とくがわいえやす》や北条氏政《ほうじょううじまさ》も援軍に来ていた。

ほぼ「負けるはずのないイクサ」だったのである。

この甲州征伐により、武田家は滅亡。武田家の旧領は、上野《こうずけ》一国は滝川一益に、甲《か》斐《い》一国は河尻秀隆に、信濃《しなの》一国のうち四郡は森長可に、一郡は毛利長秀に、駿河《するが》一国は徳川家康に与えられた。

このとき、旧武田領における信忠への分配はなかった。だから一見、甲州征伐において獲得した新地はすべて家臣に与えられたかのようにも思われる。が、滝川一益、河尻秀隆、森長可、毛利長秀らが今まで美濃《みの》や伊勢に持っていた所領は、織田家に収公（没収）されることになった。

つまり、まだ旧勢力の残る危ない旧敵領は家臣に分け与え、その代わり安全な地域を織田領に組み入れたということである。

旧武田領を与えられた家臣たちは、所領の広さはある程度増えたが、一から統治していかなくてはならないので苦労も大きいのである。

嫡男の信忠だけでなく、次男の信雄に総大将を任せることも多かった。

信長は、伊賀《いが》平定戦に大軍を派遣した際、名目上、信雄を前面に出していた。天正９年（１５８１）に伊賀は平定され、伊賀一国のうち三郡は次男の信雄に、一郡は信長の弟の信包《のぶかね》に与えられた。

三男の信孝は、伊勢北部の大名、神戸具盛の後継養子として送り込まれ、神戸家を乗っ取ったことは前述したとおりである。また四国征伐では、信孝が総大将となる予定だった。ただ、この四国征伐は「本能寺の変」勃発《ぼっぱつ》により中止になっている。

信長の所領集中政策③「重臣を追放して所領を取り上げる」

信長の織田家所領集中政策は、「後継養子の送り込み」や「息子に戦功を挙げさせる」というような方法ばかりではない。

「不要になった家臣を追放する」という、かなり過激なこともおこなっている。

その顕著な例が、石山本願寺攻略を任されていた佐久間信盛である。

天正8年（1580）、信盛とその嫡男の信栄《のぶひで》が、信長から追放された。

最大の理由は、石山本願寺攻略の失敗だった。

信盛は、天正4年（1576）に石山本願寺攻略の総指揮官を任され、織田家で最大の軍勢を率いていた。にもかかわらず、攻略に手こずり、最終的には信長が朝廷の仲介を仰いでようやく終結した。

信長は、この失態に激怒し、19か条の折檻状《せっかんじょう》を出した後、佐久間親子を織田家から追放したのである。

信盛は、信長の父の信秀《のぶひで》の代から織田家に仕えていた織田家の重鎮《じゅうちん》である。30年もの間、信長の筆頭格の家老を務めており、信長の急成長を支えてきた功労者である。その信盛と嫡男の信栄を、身ぐるみはがして追放したのである。

さらに同年には、織田家の重臣だった林秀貞《はやしひでさだ》が追放されている。秀貞は、同じく信秀の代から織田家に仕え、長い間、筆頭家老の地位にいた重臣中の重臣である。戦闘における派手な活躍はなかったが、長く信長の取次役をするなど、行政や築城などにおいて、信長も重用していた家臣である。

永禄5年（1562）の信長と家康の清須《きよす》同盟にも出席するなど外交面でも重要な役回りを演じてきた。また信長は、天正3年（1575）に家督を嫡男の信忠に譲った際に、信忠付の筆頭家老にしている。それほど秀貞を信頼していたわけだ。

しかし秀貞は、信忠の筆頭家老になってわずか5年後に織田家から追放されているのである。

秀貞追放の理由は、「24年前、信長が家督を継ぐ際に信長の弟の信行を擁立し、謀叛を企てたことだった」という説もある。

当時、織田家の家老たちの中には「うつけ者といわれていた信長よりも、弟の信行が継ぐべき」と考える者も多く、織田家家中《かちゅう》は二つに分裂し、争乱にまで発展した。

信長は、この争乱が収束した後、信行方についた家臣たちの多くを許して帰参させた。

ところが、そのことを24年後に蒸し返したというわけだ。

柴田勝家なども信行方についていたが、勝家はお咎《とが》めを受けていない。

この処置は明らかに不審だといえる。

だから、秀貞追放の理由は24年前のことではなく、「石山本願寺と戦っている間に敵方と通じていたから」という説もあるが、決定的な理由は明らかではない。

また、斎藤道三《さいとうどうさん》の元重臣「西美濃《にしみの》三人衆」の一人である安藤守就《あんどうもりなり》や、尾張《おわり》の土豪から信長に仕えた丹羽氏勝《にわうじかつ》なども、このときに林秀貞と同様に追放されている。

追放された家臣たちの所領は、織田家が収公したと見られている。つまり、それだけ織田家の土地が増加したのである。

とくに佐久間信盛は、織田家家臣の中で一、二を争うほどの所領を持っていたとされている。信盛は、元からの尾張の土地をはじめ、知多《ちた》地域の大名だった水野忠政《みずのただまさ》の領地も与えられていた。

水野忠政は、当初は信長の同盟相手であり、織田・徳川の清洲同盟の仲介をするなど、信長にとって重要な役割を担ってきた大名である。また、信長の天下取り戦争にも何度も協力しており、同盟者というより、家康臣従者のような存在だった。しかし甲州征伐の前後に武田勝頼《たけだかつより》との内通を疑われ、信長に処刑されたのである。

この水野忠政の旧領の多くは信盛に与えられた。信盛への折檻状にも「水野の旧領を与えたにもかかわらず、兵を蓄えずに私財ばかりを増やした」という一項がある。

また信盛には、南近江の栗太郡《くりたごおり》と野州郡《やすごおり》も与えられている。

この信盛の広大な所領を、信長は「もったいない」と思うようになったのだろう。信盛の所領だった栗太郡と野州郡は、信長が居住する安土城《あづちじょう》のおひざ元であり、直轄地となったようである。

うがった見方をすれば、安土城の直轄地を得るために信盛親子を追い出したともいえる。

佐久間信盛親子を追放したことにより、近江国《おうみのくに》のほとんどは織田家一門の領地となった。それまで近江領は分割して家臣たちに与えられていたのだが、転封《てんぽう》（国替え）、追放、養子縁組などにより、そのほとんどが織田家一門の領地となったのだ。

そして近江の中で唯一、織田家の土地ではない地域が、光秀に与えられた滋賀郡《しがごおり》だった。

詳細は第4章で述べるが、滋賀郡は、近江の中でもとくに産業の栄えた交通の要衝だった。信長が食指を伸ばさないはずはない。

光秀としては、「次は自分が追い出されるのではないか」という懸念《けねん》を抱いてもおかしくない状況となった。

これが「本能寺の変」の2年前のことである。

第3章　信長の社会経済改革

矛盾だらけだった戦国時代の政治経済

天下平定が見えてきてから、信長が織田家に所領を集中させようとしたのは、単に織田家の繁栄だけを目的としたものではない。

武家社会の経済的ジレンマを解決するための手立ての一つでもあったのだ。

じつは鎌倉幕府以来の武家社会というのは、政治経済において非常に大きな矛盾を抱えていた。応仁《おうにん》元年（1467）に始まる「応仁の乱」から約150年にも渡って戦国の世が続いた大きな要因も、政治経済の矛盾だったのである。

武家社会の政治経済の矛盾とは、端的に言えば「中央政府の財政基盤の貧弱さ」である。あまり顧《かえり》みられることはないが、武家政権というのは非常に財政基盤が弱かったのだ。

鎌倉幕府の知行《ちぎょうこく》国は「関東御分国《ごぶんこく》」と呼ばれ、関東の駿河《するが》・武蔵《むさし》・相模《さがみ》・越後《えちご》など4～6か国があった。

また、「関東御領《ごりょう》」と呼ばれる幕府所有の荘園があった。これは、元暦《げんりゃく》元年（1184）に朝廷から平氏《へいし》一族の旧領500か所を与えられたものや、源平合戦《げんぺいかっせん》時に自力で切り取っていたものである。それらの直轄地が鎌倉幕府の主な財政源だったが、せいぜい数か国から十数か国に過ぎなかった。

室町幕府は、もっと財政源が少なかった。室町幕府の所有である「公方御料所《くぼうごりょうしょ》」の明確な広さはわかっていない。が、鎌倉幕府よりかなり少なかったことは確実で、後年の石高《こくだか》換算でいえば、多めに見積もっても２００万石ほどだったと見られる。当時の日本全体の農地の10分の１にも満たない。

これは、少し考えれば当然のことなのである。

武家政権以前、平安時代までの日本は、「朝廷」という中央政府が全国を統治していた。平安時代末期には朝廷の統治能力は衰えていたが、少なくとも建前のうえでは、中央集権体制が採られていたのだ。

そして平安時代以前の日本では「公地公民」「班田収授《はんでんしゅうじゅ》」というシステムが採られていた。このシステムは、「全国の土地は原則として朝廷のものであり、農民が耕作している土地は朝廷から貸与されているだけ」というものである。

基本的に、すべての国民が収穫物や労力を税として納めなくてはならなかった。

つまり平安時代以前の朝廷は、日本全土を支配し、徴税していたのである。

それに引きかえ、鎌倉幕府以来の武家政権というのは、日本全土のほんの一部を統治していたに過ぎない。

そもそも武家政権とは、朝廷の一機関に過ぎなかった幕府が、なし崩し的に政治を担うことになったものである。幕府というのは「臨時司令部」というような意味で、戦乱が起きたときに派遣された軍の司令部という程度の機関なのだ。

なぜ、臨時司令部に過ぎなかった幕府が政権を担当するようになったのか?

その経緯は次のようなものである。

平安時代の末期、朝廷は、軍事貴族である平清盛《たいらのきよもり》に牛耳《ぎゅうじ》られていた。

それを不快に思っていた後白河《ごしらかわ》上皇は、平氏によって伊豆《いず》に流されていた源頼朝《みなもとのよりとも》に平氏討伐令を出した。頼朝は、後白河上皇に対し、平氏を討つことの見返りとして、全国に守護職・地頭職を置く権利や、全国の武家を指揮したり褒賞や処罰を与えたりする権利などを要求した。

後白河上皇は背に腹は代えられず、それらの権限を与えた。そのため頼朝は、朝廷の持っていた徴税権、軍事権、警察権などを次々に獲得していき、実質的な「政権担当者」となったのである。

荘園の不法占拠が「武士」の起源

鎌倉幕府以来の武家政権を担ってきた武家（武士）とは、そもそもの成り立ち自体が大きな矛盾をはらんでいた。

「武士」の成り立ちというのは、ざっくり言うと次のようなことである。

平安時代の末期、朝廷による中央集権体制は崩壊しつつあった。

奈良時代につくられた律令《りつりょう》制度では、「日本の国土は国家のもの」という建前があった。しかし天平《てんぴょう》15年（７４３）に、「墾田《こんでん》永年私財法」という抜け穴のある法律をつくってしまう。墾田永年私財法とは、新たな土地を増やすためにつくられた法律で、「自分で開墾した土地は自分のものにしていい」というものである。

この墾田永年私財法により、貴族や寺社たちがこぞって開墾するようになった。こうして新たに開墾された私有地は「荘園」と呼ばれ、瞬《また》く間に全国に広がった。そして荘園が広がるとともに、元来、国有地だった「班田」の管理も甘くなっていった。農民たちが、自分が耕す班田を貴族や寺社に寄進して荘園とすることで税（年貢《ねんぐ》）を逃れるようになったのだ。

この荘園があまりに広がりすぎたため、次第に荘園領主である京都の貴族や寺社たちのコントロールさえ利かなくなっていった。そのうちに荘園の現場管理者たちが権力を持つようになり、荘園領主が誰なのかわからない状態も多くなっていったのだ。

また、荘園領主があいまいになっていくうちに、所有権争いが頻繁に生じるようにもなっていった。そのため、荘園の現場管理者たちは馬や武器を揃《そろ》え、家人たちに訓練を施すようになった。

それが「武士」となっていったのだ。

つまり、言ってみれば、武家というのは、荘園を不法占拠することで成り上がっていった荘官や地頭たちなのである。

平安時代末期には、その武家たちが大きな勢力を占めるようになっていた。

その全国の武家を取りまとめたのが、軍事貴族だった源頼朝なのである。

頼朝は、朝廷の軍司令部である「幕府」の長となり、武家たちを率いて平氏を討伐した。そして、その褒賞として武家たちの土地の所有権を認めさせた。「不法占拠状態」が解消され、正式な所有権が与えられたのである。

頼朝は建久《けんきゅう》3年(1192)、朝廷から「征夷《せいい》大将軍《たいしょうぐん》」に任じられ、軍司令部に過ぎない幕府が事実上の日本の政権を担うようになったのだ。

土地制度の移り変わり

飛鳥時代

646年 改新の詔
公地公民制
すべての土地は国のもの

↓

701年 大宝律令
班田収授法
6歳以上に田を貸し、税を課す

奈良時代

↓

723年 三世一身法
期限付き土地私有
開墾地を一定期間所有できる

↓

743年 墾田永年私財法
無期限の土地私有
開墾した土地は本人のもの

↓

平安時代

荘園の成立
↓
初期荘園
↓
寄進地系荘園
↓

鎌倉時代

1185年 守護・地頭の設置
御家人を守護・地頭に任命
武士（開発領主）の土地所有権を保証する

それが、鎌倉幕府の起源である。

が、幕府は、日本全国から徴税できるわけではない。各武家に土地の所有が認められたのだから、各武家の土地からは徴税できないのだ。

鎌倉幕府の財政源は、頼朝の直轄領からの税収しかないのである。ほかに関税収入などもあったが、それは微々たるものだった。

じつは軍事力も弱かった武家政権

財政基盤が弱いというのは、中央政府としては致命的でもあった。

幕府の直轄領が小さいことは、軍事力、治安維持力の弱さに直結した。直轄領の大きさは年貢《ねんぐ》の多寡だけに影響するものではない。兵の動員力にも大きく関係してくるのだ。

だから鎌倉幕府以来の武家政権というのは、じつは軍事力が非常に弱かった。

平安時代までの「朝廷」と、鎌倉時代以降の「幕府」を比べると、幕府のほうが朝廷より軍事力が強いようなイメージがある。

が、実際、どちらの軍事力が強かったかというと、圧倒的に朝廷なのである。もちろん、平安時代末期には朝廷の軍事力は低下していたが、律令制度が正常に機能していた頃の朝廷は強大な軍事力を持っていたのだ。

朝廷は、日本全土を統治し、徴兵もしていた。だから朝廷は、内乱があったときには直属軍を派遣することができた。逆に言えば、直属軍を派遣できるほどの財政力、軍事力があったということだ。

しかし、武家政権はそうではなかった。

幕府も、内乱が起きたときには軍を派遣しなければならない。治安や軍事は幕府の役割だったからだ。

しかし幕府の派遣軍には、幕府の直属軍は少なく、近辺の武家などに出陣の命令を出して寄せ集めなければならなかったのだ。

「命令を出す」と言うと聞こえはいいが、要は軍派遣の要請をするのだ。幕府から要請を受けた側は、兵の派遣を了承することもあれば、断ることもある。

だから、幕府の軍事力というのは非常に不安定なものだったのだ。

しかも、参軍した武家たちにはそれなりに褒賞を与えなければならない。

そうしないと、武家たちが不満を持つからである。すると幕府の財政源はどんどん減っていってしまう。

だから鎌倉幕府は、元寇《げんこう》の役（1274年と1281年の元《げん》軍の来襲）が起きると、たちまち財政源不足が生じ、わずか100年足らずで倒れてしまった。

室町幕府の財政力のなさが「応仁の乱」を招いた

室町幕府は、さらに軍事力がなかった。

室町幕府というのは、鎌倉幕府が倒れた後、いったん朝廷に政権が戻され、それをさらに武家が覆してつくられた政権である。

鎌倉幕府が倒れてからしばらくは、室町幕府初代将軍足利尊氏《あしかがたかうじ》が擁立《ようりつ》した「北朝」と、後醍醐《ごだいご》天皇による「南朝」という二重政権となっていた。

いわゆる南北朝時代である。

この南北朝時代のとき、有力な武家たちは、北朝の室町幕府に対して気に食わないことがあれば、すぐに室町幕府の傘下から抜け出して南朝につくというようなことをおこなった。

室町幕府はそれを防ぐために、足利将軍家の直轄領を削って家臣に分け与えるよう

平安時代以前の律令制度

	地方政府へ			中央政府へ	
物	租	公出挙	義倉	庸	調
	１段につき２束２把（収穫の３％）	稲の強制貸付（利息５割）	飢饉に備え、粟などを貯蔵	麻布２丈６尺（歳役の代わり）	特産物
				運脚（都に庸・調を運ぶ）	
労役	雑徭			歳役	
	年 60 日以下			土木工事 10 日（全国から）	
兵役	軍団	衛士	防人	兵役	
	各地で 10 日	都で１年	九州で３年	公民男子３、４人に１人（食料や武器、交通費などは自費）	

鎌倉時代以降の封建制度

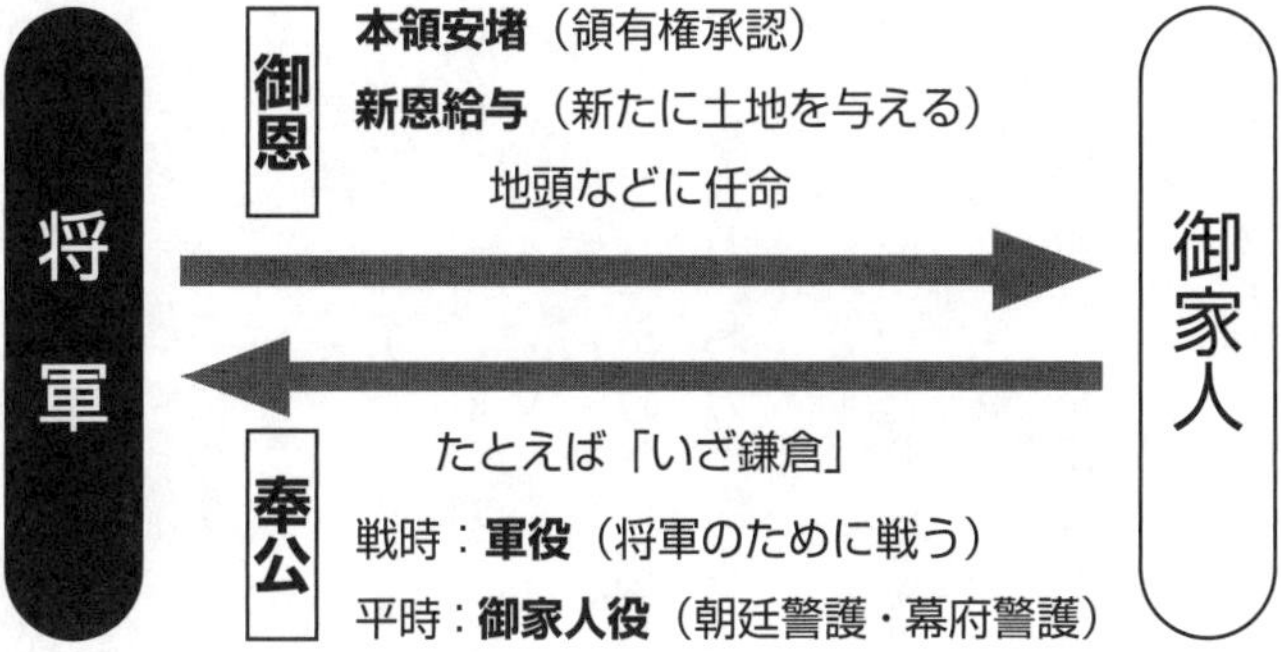

なことをしなければならなかった。そのため、室町幕府の直轄領は、鎌倉幕府よりもさらに小さいものとなったのだ。

だから各地で紛争や争乱が起きたときには、直轄軍で鎮圧することができず、守護などに命じて平定にあたらせた。

たとえば、室町時代の前半に明徳《めいとく》の乱（1391年）があった。これは、中国地方で11か国の守護職を務めるなど強大な勢力を誇っていた山名《やまな》氏が室町幕府に対して起こした反乱である。

この反乱を、室町幕府は独力で抑えることができなかったので、管領《かんれい》の細川頼元《ほそかわよりもと》、畠山基国《はたけやまもとくに》、一色満範《いっしきみつのり》、赤松義則《あかまつよしのり》、大内義弘《おおうちよしひろ》、京極高詮《きょうごくたかのり》ら守護大名の勢力を頼まなければならなかった。

幕府方は、この反乱をどうにか鎮圧することができたが、管領や守護たちに褒賞を与えるため、乱を起こした山名氏の領地を11か国から3か国に削り、山城《やましろ》を畠山基国に、丹波《たんば》を細川頼元に、丹後《たんご》を一色満範に、美作《みまさか》を赤松義則に、和泉《いずみ》・紀伊《きい》を大内義弘に、隠岐《おき》・出雲《いずも》を京極高詮に与えた。幕府の取り分はなかったのだ。

もちろん、室町幕府の権威はますます衰え、管領や守護たちの権力が強大化することなっていった。

そのため室町時代の後半には、各地で乱が頻発したうえに、管領や守護大名が台頭していく、という現象が生じていたのである。

しかも室町幕府の財政力、軍事力は、時を経るごとに弱小化していき、室町時代末期には財政破綻のような状態にあった。

幕府は何をするにも管領や守護大名たちの協力を仰がなくてはならなくなり、必然的に彼らの発言力が増した。彼らのほうが将軍家よりも、財政力、軍事力があったのだ。当然、将軍の睨《にら》みが利くはずがない。だから室町時代は内乱や紛争が絶えなかった。そして、それが最大にエスカレートしたのが、応仁の乱（１４６７～７７年）だったのである。

応仁の乱というのは、９代目足利将軍を、前将軍義政《よしまさ》の実子である義尚《よしひさ》にするか、義政の実弟で義政の後継養子の義視《よしみ》にするかで、足利家や有力守護大名の間で争いが起きたことが要因だとされている。

しかし、将軍家の後継者問題なのになぜ、守護大名同士で戦ったのだろうか？

この疑問への回答も、煎《せん》じ詰めれば、将軍家の財政源不足に行き着くのである。

将軍よりも守護大名のほうが、大きな財政力、軍事力を持っていたから、将軍を差し置いて後継者問題に口を出し、ひいては将軍そっちのけで、守護大名同士が戦いを始めてしまったのだ。

応仁の乱の東陣営の首領である細川家は摂津《せっつ》・丹波《たんば》・讃岐《さぬき》・土佐《とさ》を世襲し、一族全体では阿波《あわ》・備中《びっちゅう》・和泉《いずみ》・淡路《あわじ》も治めていた。つまり、近畿《きんき》・四国一帯に大きな勢力を持っていたのだ。もちろん、将軍の直轄地の200万石を大きく超えるものである。

西陣営の首領である山名氏は、前述のとおり明徳の乱に敗北し、一時的に勢力は衰えたが、その後復権し、室町時代後半には細川家に匹敵する勢力を持っていた。

細川氏にしろ、山名氏にしろ、共通するのは、将軍家をしのぐ財力、勢力を持っていたということである。

武家社会の矛盾に苦しむ人々

応仁の乱が起き、戦国時代になると、武家社会の矛盾は、今度は戦国大名たちを苦しめることになった。

武家社会というのは、君主が家臣に土地を与えることで成り立っている。とくに戦乱に明け暮れた戦国時代は、家臣を増やすためにより多くの土地を与えなくてはならなかった。そのため戦国大名たちは、「慢性的な土地不足」という問題を抱えることになったのだ。

戦争をして勝てば土地が増える。

が、褒美として家臣に土地をやらなければならない。また、周辺の土豪たちを味方につけるために土地を与え、敵方の武将を籠絡《ろうらく》するために土地の安堵《あんど》を約束するなどしなくてはならない。だから戦争に勝って土地を得ても、それほど自家の土地は増えない。

しかも家臣たちに土地を与えても、家臣の忠誠心が長く続くとは限らない。一度もらってしまえば、それはもう自分のものなので、人の心理として、そう長い間、忠誠心を持ち続けることはない。

となると、家臣に忠誠心を持たせ続けようと思えば、常に土地を与え続けなくてはならないことになる。

家臣に土地を与えると自家の財政源が減り、軍事力も低下する。必然的に他の武家が台頭し、政権が不安定になる。

農村の構造と農民の負担

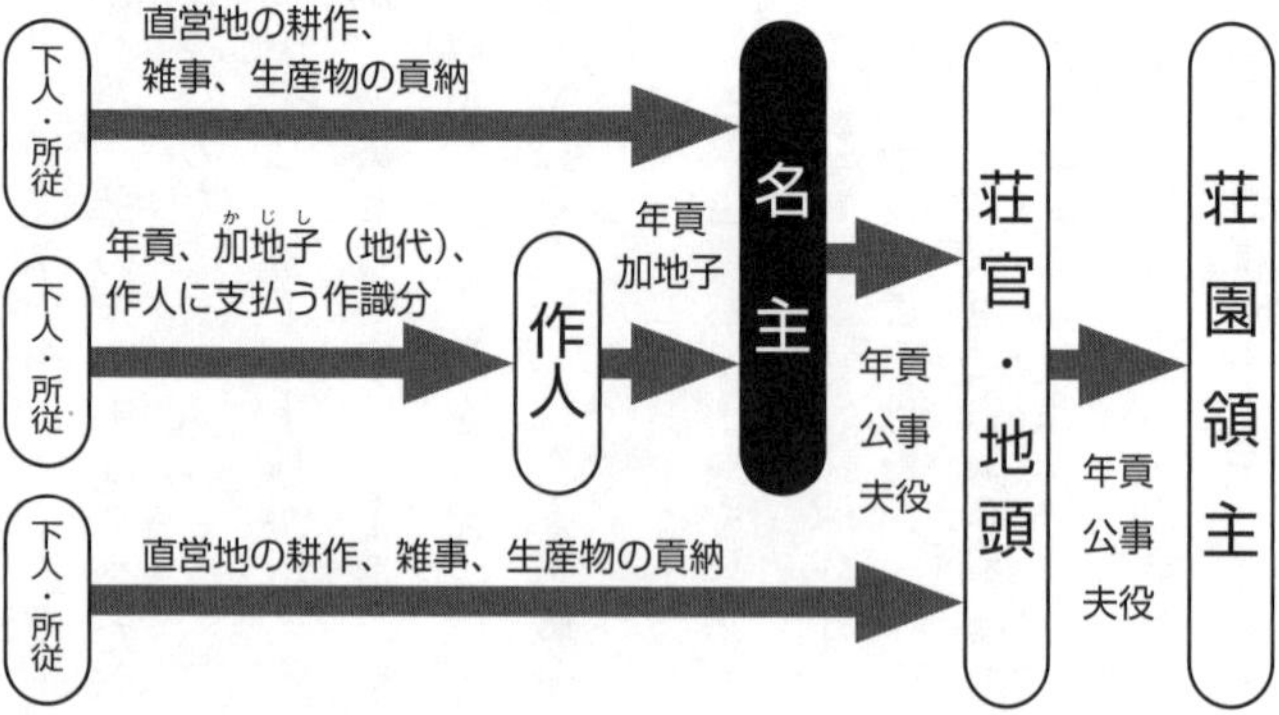

「土地所有権の整理」や「経済秩序の再構築」は、戦国大名たちにとって大きな課題となっていたのだ。

これら武家社会の矛盾は、農民を苦しめることにもなった。

戦国時代の農民の税負担というのは、けっこう大きいものがあったのだ。

室町時代後半から戦国時代にかけての年貢は、複雑な仕組みとなっていた。

当時、日本の農地の大部分は荘園であった。本来、荘園の持ち主は荘園領主だが、荘園領主というのは自分の領地から遠く離れて住んでいることが多く、実際の管理は荘官や地頭に任されていた。そのうちに荘官や地頭の力が強くなり、彼らが実質的な領主になっていったのだ。

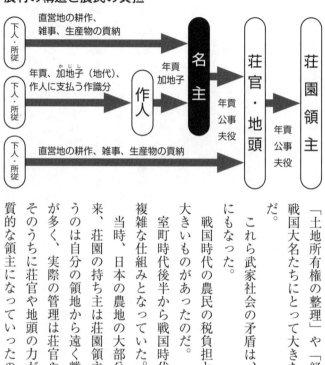

そうなると、どういうことが起きるか?

本来の荘園領主と、荘官や地頭とが「二重」に税を取るような事態になるのだ。

二重支配とまではいかずとも、税の仕組みが複雑になり、農民は余計な税負担を強《し》いられることが多々あったのだ。つまり、中間搾取が増えていったのである。

もちろん、農民にとっては税負担が増えることになった。

農民は、荘官に年貢を払うだけでなく、守護にも「段銭《たんせん》」という形で税を取られるようになった。また、新興勢力である「加地子名主《かじしみょうしゅ》」にも、事実上の年貢を納めなくてはならなくなっていた。加地子名主というのは、もともとの農民が力をつけて地主的な存在になった者のことである。

このように武家社会の矛盾は、戦国大名にとっても、農民にとっても迷惑なものだった。

本気で社会経済改革をおこなおうとした信長

前述したように、戦国大名たちは誰もが「慢性的な土地不足」という問題を抱えていた。もちろん信長もそうである。

信長という人物は、問題解決能力が非常に高い。

第1章で述べた比叡山《ひえいざん》焼き討ちを思い出してほしい。

中世の大きな社会的課題だった「寺社の経済支配」という大問題に真っ向から立ち向かい、実力行使によって、それを解決させた戦国大名は信長だけだといえる。この問題解決能力が、信長を突出した存在にしている最大の要因なのである。

そして信長は「慢性的な土地不足」という問題についても、解決策を用意していた。

戦国大名の中で「武家社会の矛盾」「武家政権の構造上の欠陥」を直視し、本気で改革しようとしたのは、信長だけである。

信長は、戦争の強さばかりが取りざたされるが、大規模な社会経済改革をおこなっているのだ。

あまり語られることはないが、じつは信長は、日本の社会史、経済史に残るような改革を数多く実行しているのである。「信長が天下統一目前まで行ったのは、社会経済改革によるものだった」と言っても過言ではない。

そして、この経済改革において重要な役割を担っていたのが明智光秀なのである。

光秀は、信長の社会経済改革の意図を明確に理解し、エネルギッシュに改革を断行していった。

信長としては、これほど頼りになる家臣はいなかったはずだ。

信長の経済改革で第一に挙げなくてはならないのが、領内の農民に対する大減税である。

信長というと、「強権的で高圧的な人」というイメージが強いので、「領国統治も過酷なものだったのではないか」「信長の天下になれば、農民は重い税負担を強いられたのではないか」と思われがちである。

しかし意外に思われるかもしれないが、信長というのは、領内の農民に対して非常に善政をおこなったといえるのだ。

その最たるものが「減税」である。

信長は税制を簡略にして、中間搾取を極力減らし、農民の税負担を大幅に軽減したのである。

前述したように、戦国大名は武家社会のシステムを再構築する必要に迫られていった。農民は幾重にも税を払わなければならないため、今のままでは民力を圧迫してしまう。また、自家の年貢の取り分も非常に低い。

「分散した年貢徴収システムを一元化すること」

それが戦国大名にとっての大命題だったのである。

しかし、多くの戦国大名はそれができなかった。

たとえば甲斐《かい》の武田信玄《たけだしんげん》は、寺社や国人《こくじん》などの徴税権をそのままにしておいたので、自家の取り分が少なくなり、領内の農民に過酷な税を課すことになった。それが農民の大量流出などを招き、領内経済を疲弊させた。

信長はそうではなかった。果敢に旧来の税制を改革しようとしたのである。

信長が領内でおこなった税制改革

信長が具体的にどのような税制改革をおこなったのかを検討してみたい。

信長は、甲州《こうしゅう》征伐における天正《てんしょう》10年（1582）3月の天目山《てんもくざん》の戦いで武田《たけだ》勝頼《かつより》を滅ぼし、甲斐・信濃《しなの》を手に入れた。その領地は前述のとおり、河尻秀隆《かわじりひでたか》や森長可《もりながよし》らに与えられた。

このとき信長は、甲斐・信濃の両国に対して「信長の基本法」ともいえる命令を発している。信長の死の直前に出されたこの命令は、信長の政治思想の集大成である。

いわば、信長のつくった憲法ともいえるのだ。
命令の内容は、次のとおりである。

一、関役所、駒の口（馬や荷駄をチェックする場所）において税を課してはならない。
一、百姓前（農民）から本年貢以外の過分な税を徴収してはならない。
一、（国人や地侍《じざむらい》たちに対しては）忠節を尽くす者を取り立てるほかは、相変わらず抵抗する侍は自害させ、あるいは追放しなければならない。
一、訴訟に関しては、よくよく念を入れて糾明し、解決しなければならない。
一、国侍（国人や地侍）たちに対しては丁重に取り扱うべきであるが、油断のないように気をつかうべきである。
一、支配者が一人で欲張るために諸人が不満に思うのである。だから、所領を引き継ぐ際には、これを皆に分かち与え、また、分に応じて家臣を召し抱えること。
一、本国（美濃《みの》・尾張《おわり》など）の者で奉公を望む者があったら、よく身元を確かめ、その者を以前抱えていた主家へ届け、そのうえで使用すること。
一、各城とも普請は堅固にすること。

一、鉄砲、弾丸、兵糧を蓄えておくこと。

一、各自が支配する所領単位で、責任を持って道路の普請をすること。

一、所領の境界が入り組んで、少しく領有問題の争論となっても、たがいに憎しみを持ってはならない。

信長は、この命令の最初に関所での徴税を禁止し、二番目で百姓への過度な年貢を戒めている。そして三番目に、地侍の家臣への登用と、抵抗する地侍の粛正《しゅくせい》を説いている。

前述したように当時の農民は、領主だけではなく、近隣の有力者に何重にも税を取られていることがあった。それは、一つの土地に国人や地侍などが入り交じり、領有関係が複雑になっていたからでもあった。その領有関係を一元化するために、国人や地侍など土豪たちの影響力を排除しようとしたわけである。

その地域の国人や地侍で織田家に臣従する者は、なるべく織田家に家臣として抱えようとした。抵抗する者は追放したり、自害させたりした。そうして土豪たちに勝手に徴税することをやめさせ、織田家のルールに従って税を徴収させようとしたのだ。

当然、土豪たちの中には強く反発する者もあった。そういう土豪たちを、信長は容赦なく粛正した。

信長はさらに、農民には原則として年貢のほかに重い税を課してはならないとした。武田信玄などは、農民に年貢のほかに多額の「棟別銭《むねべっせん》」を課していた。棟別銭というのは、家一戸あたりにかけられる税のことである。そのため農民たちは、過度な税負担に苦しむことになったのだ。

信長のこのような諸政策は、尾張半国の領主だった頃からおこなわれていたと見られる。これと似たような命令は、天正3年（1575）9月、柴田勝家《しばたかついえ》に越前《えちぜん》一国を与えたときにも発せられており、信長施策に共通の条項だといえる。

信長領の年貢は、他の大名領に比べるとかなり安かったようである。

信長領全体における年貢率というのは、明確な記録は残っていない。が、永禄《えいろく》11年（1568）、近江の六角《ろっかく》氏領を新たに領有したとき、「収穫高の3分の1」を年貢とするように定めている。この地域だけ特別に税を安くするはずはないので、信長領全体もだいたい、この数値の前後だったと考えられる。

「収穫高の3分の1」というのは、かなり少ないといえる。

江戸時代の年貢は「5公5民」「4公6民」などといわれ、収穫高の4割から5割が年貢として取られていた。

また、戦国の世だったので、江戸時代よりも年貢は重かったとされている。だから信長領の「年貢率3割」というのは、かなり安かったと考えられる。

これが、信長の天下統一事業で優位に働いたと思われる。

信長は、短期間で領地を拡大し続けてきた。これは、単に武力だけではできないことである。領民の支持を得られなければ、領民に抵抗されたり逃亡されたりして、スムーズな領地拡大ができないからである。領民が潤って、人口が増え、領内が発展すれば、税収も増える。

信長の減税改革は、そういう好循環を生んでいたのだ。

大掛かりな検地と城の廃棄

土豪たちの影響を排除して一元的に課税をおこなうためには、各農地の領有関係などをはっきりさせなければならない。土地の所有者は誰で、耕作者は誰なのか、また土地の広さや収穫高等の把握もしなければならない。

寄進地系荘園の構造

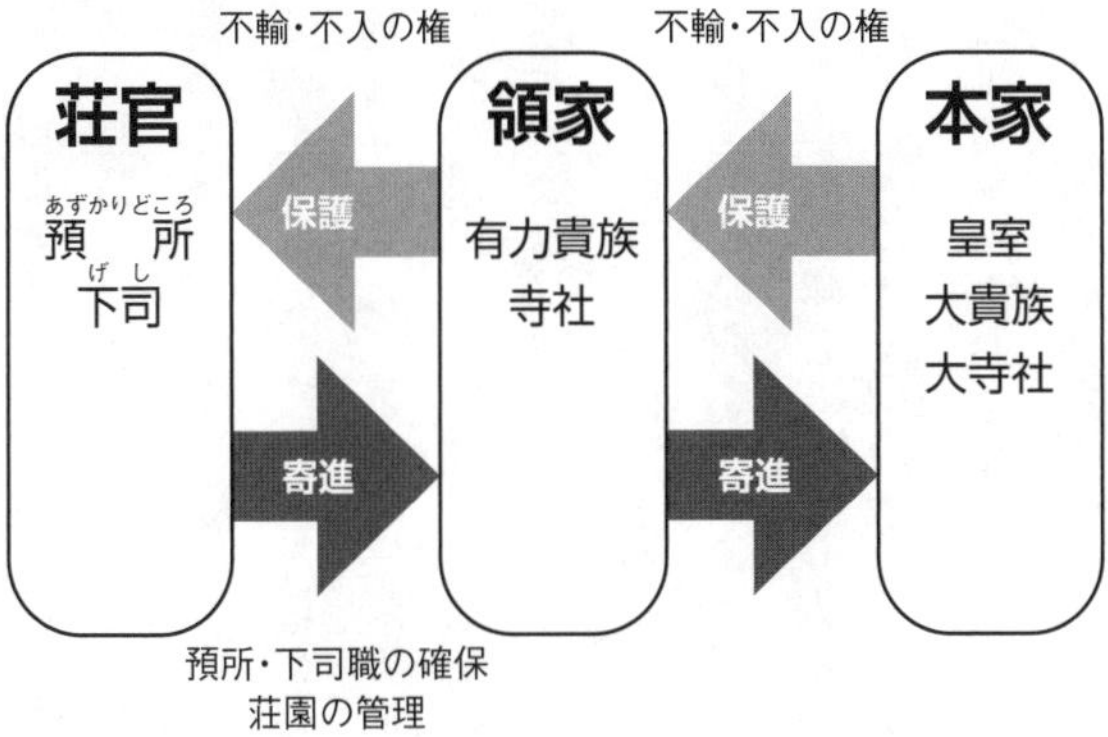

そのため信長は、大掛かりな「検地《けんち》」をおこなった。

検地というのは、農地の質や広さを検証し、領有関係を確認する作業である。

この検地がけっこう大変なのである。

というのも、土豪や寺社などの所有地では、誰も立ち入ることができない「不《ふ》入《にゅう》の権」が認められていることも多かった。過去の領主が特定の土地に「不入の権」を認め、それが何十年、何百年も、既得権益として受け継がれていたのである。国人や地侍が勝手に、自分の領地に「不入の権」があることを主張するケースもあった。

だから検地をしようとしても、「不入の権」を楯《たて》にして、立ち入りを拒まれることも多かったのだ。

また、農地の耕作者である農民も、基本的に検地を嫌がった。

古来、農民というのは、けっこうしたたかなもので、いつでもだまって為政者に年貢を納めてきたわけではない。こっそり田を広げたり、目につかないところに隠し田をつくったりして、実収入を増やしてきたわけである。

検地というのは、農地の実際の面積を測り、農民の実収入を把握するのが目的である。当然、農民としては、検地をされることは望ましくない。

戦国大名は皆、検地をやりたがったが、土豪や農民の抵抗を恐れて、あまり正確な検地をおこなうことはできなかった。ほとんどの場合、「差出《さしだし》検地」と呼ばれる、農民側が自主的に帳面を出すことで、検地としていたのである。

しかし信長の場合、かなり細かい検地をしていたことがわかっている。

近年の研究で、豊臣秀吉《とよとみひでよし》の「太閤《たいこう》検地」までには及ばないが、信長も縄《なわ》入れ（実測）による検地をおこなっていたことが明らかになっている（『講座日本荘園史』池上裕子著・吉川弘文館、など）。

たとえば、天正5年（1577）、越前でおこなわれた検地では、「町《ちょう》」「段《たん》」「畝《せ》」

の下の「歩《ぶ》」の単位までが報告されている。このような細かい数字まで出ているということは、実測されたものと推測されるのだ。

これは、信長以前の戦国大名にはないことである。また太閤検地は、信長の検地をさらに徹底したものといえるだろう。

信長領で、このような細かい検地がおこなわれていたことは、信長が社会経済改革にかなり強い意志を持っていたということである。

信長は、「検地」と同時に「城割《しろわり》」と呼ばれる城の廃棄もおこなった。

戦国時代には、日本中に城がつくられていた。

「城」といっても、天守閣がそびえる巨大な城ではない。「砦《とりで》」のようなものも城だったのである。当時は、日本中の至るところに土着の豪族がおり、彼らが自分の城をつくって群雄割拠《ぐんゆうかっきょ》していたのである。守護大名が統治する国であっても、その中に幾人もの土豪がおり、城を持っていた。

土豪たちは自分の領地を守るために城を築き、守護大名に対しても、城を拠点にして反抗することが多々あった。国内に存在するたくさんの城は、土豪たちの存在の象徴であり、戦国時代の領有関係の複雑さの象徴でもあったのだ。

このため信長は、占領地において、土豪たちの城を破壊して廃城にした。そうすることで、土着の豪族たちを整理したのである。彼らのうち、織田家に臣従し、軍役《ぐんえき》などに応じる者は、家臣として取り立て、応じないものは粛正した。複雑に入り組んでいた土地の領有関係を整理し、一元的に統治をおこなおうとしていたのである。

検地の総責任者だった光秀

信長の社会経済改革を、最も堅実に先進的に推《お》し進めていたのは、明智光秀なのである。検地や城割において、光秀は大きな活躍をしているのだ。

光秀は、信長が大和国《やまとのくに》で実施した大規模な検地で、滝川一益《たきがわかずます》とともに総責任者となっている。

大和国といえば、現在の奈良県である。当時は寺社の力が非常に強く、興福寺《こうふくじ》、東《とう》大寺《だいじ》、多武峰《とうのみね》（談山《たんざん》神社）、高野山《こうやさん》（金剛峯寺《こんごうぶじ》）、金峯山《きんぷせん》（金峯山寺《きんぷせんじ》）などの領でない土地はないというほどだった（『寺社勢力の中世』伊藤正敏著・ちくま新書）。

しかも、各寺社は強大な僧兵を抱えていた。また、土豪たちの勢力も大きいものがあった。そのため鎌倉・室町時代から、幕府が大和には守護を置けない状態が続いていたのだ。

とくに興福寺は絶大な力を持っており、「大和国の守護」とさえいわれていた。

つまり、当時の大和は、ある意味、「独立国」の様相だったのだ。この難しい地域に、検地の責任者として送り込まれた光秀は、織田領の検地長官というような役割を担っていたと推測される。

天正8年（1580）に信長と石山本願寺との10年戦争が決着し、石山本願寺法主《ほっす》が大坂《おおざか》から退去したことで、社会における寺社の影響力は大きく低下した。石山合戦《かっせん》の終戦により戦力に余力が生じた信長は、その勢いを駆って大和の支配強化に努めようとしたのである。

当時、大和一帯はすでに信長により平定されていたが、未だ興福寺や土豪たちの勢力は強かった。そのため、信長は本格的な統治に乗り出したのである。

同年9月、信長の上使として明智光秀と滝川一益が大和に赴《おもむ》く。そして、「差出検地」の命令書を大和の全領主に発給した。

差出検地というのは、農地の領有関係や農地の広さなどを、領主や農民側が自発的に書いて差し出すものである。つまり、実際に農地を計測したりする「実測検地」ではない。

しかし、このときの差出検地は、広さにおいては「歩《ぶ》」（約3・3㎡）の単位まで、収穫物においては「升《しょう》」（約1・8リットル）の単位までの詳細な数字を求められた。また、この検地の説明のために各領地の責任者が呼び出されている。

おそらく、差出（申告書）がそのまま無条件に認められたわけではなく、不審な点や不自然な点があれば、現在の税務調査同様に追及されたはずである。織田軍の武力が背景にあったので、領主側もそう簡単に、自分に都合のいい申告をするわけにはいかなかっただろう。

しかもこの差出検地は、たった1か月のうちにおこなわれた。

つまり領主側から見れば、たった一か月で、自分の土地の詳細な広さ、収穫高を調査して報告しなければならなかったのだ。

興福寺をはじめとする大和の領主たちは、数百年の間、そういうことはおこなってこなかったので大騒ぎとなった。

興福寺の塔頭《たっちゅう》「多聞院《たもんいん》」において140年間の出来事を記された『多聞院日記』に

は、そのときのてんやわんやの様子が事細かに書かれている。「神の思《おぼ》し召しを願うばかり」というような記述も見られ、この検地が非常に厳しいものだったことが伺える。

この検地の主な目的は「軍役」を課すことだった。

光秀と滝川一益は、検地の命令書を出した直後に、この検地が軍役のためのものだという文書も発給しているのだ。

興福寺など大和の領主たちは、それまで「不入の権」を楯にして一切の課税に応じてこなかった。当然、軍役も課せられていなかった。

が、信長は大和国全体に詳細な検地を施し、収穫高に応じて軍役を課そうとしたのである。

これは大和だけではなく、織田領内全域でおこなわれたものと見られる。

後年、豊臣秀吉は、太閤検地によって全国の農地の収穫高を把握し、それに応じて各領主に軍役を課して朝鮮征伐などをおこなった。その先駆けとなる検地を、信長がおこなっていたのである。

また、この検地により、あいまいだった土地の領有関係を明確にし、誰の所有にもなっていない農地などは織田家に収公されたものと見られる。そして、織田家に従わない土豪たちも粛正された。光秀たちは検地が終わった直後に、大和の土豪だった戒《かい》重《じゅう》、岡、大仏供《だいぶく》、高田の四氏を処刑している。

こうして大和国は織田家の統治を受けることになり、他の地域と同様に軍役その他の税を課せられることになったのだ。

先進的だった「明智軍法」

大和での検地の翌年、天正9年（1581）6月2日に光秀は、明智家家中《かちゅう》の軍法を定めている。

織田方で定められた軍法は、この「明智軍法」しか判明していない。つまり、現在の研究では、織田軍における唯一の軍法なのである。

明智軍法は全18条あり、内容は、1条から7条までが戦場での軍の規律について、8条から18条までは武家の石高ごとに供出する兵や武器、つまり軍役の基準を定めている。

戦国時代の軍役は、あいまいだったと考えられている。というのも、軍役についての具体的な記録がほとんど残っていないからである。

戦国大名は、家臣たちに対して、軍備や兵の供出についてそれほど具体的な指示は出さず、家臣たちの裁量に任されていたようなのである。

しかし、この明智軍法は、信長領における軍役を具体的に明示している。明智軍法は、当時の織田軍の基準を記したものなのか、光秀が独創的につくったものなのかはわかっていない。おそらく、信長がある程度のアウトラインをつくり、それを光秀が具体化、明確化させたものと思われる。

この明智軍法は、当時としては先進的であることや、「本能寺の変」のちょうど1年前の日付であることから「偽書ではないか」と主張する歴史家もいる。石高に応じて軍役を課すことは、秀吉の時代では一般的だったが、信長の時代においてはまだ一般的ではなかったからだ。

が、この明智軍法の書状は2か所で同様のものが発見されており、内容的にも、光秀を擁護《ようご》するわけでも糾弾するわけでもない淡々とした記録なので、偽書である可能性は低いと思われる。

光秀は検地の主要担当者であり、織田方の軍役の基準についても関与していた可能

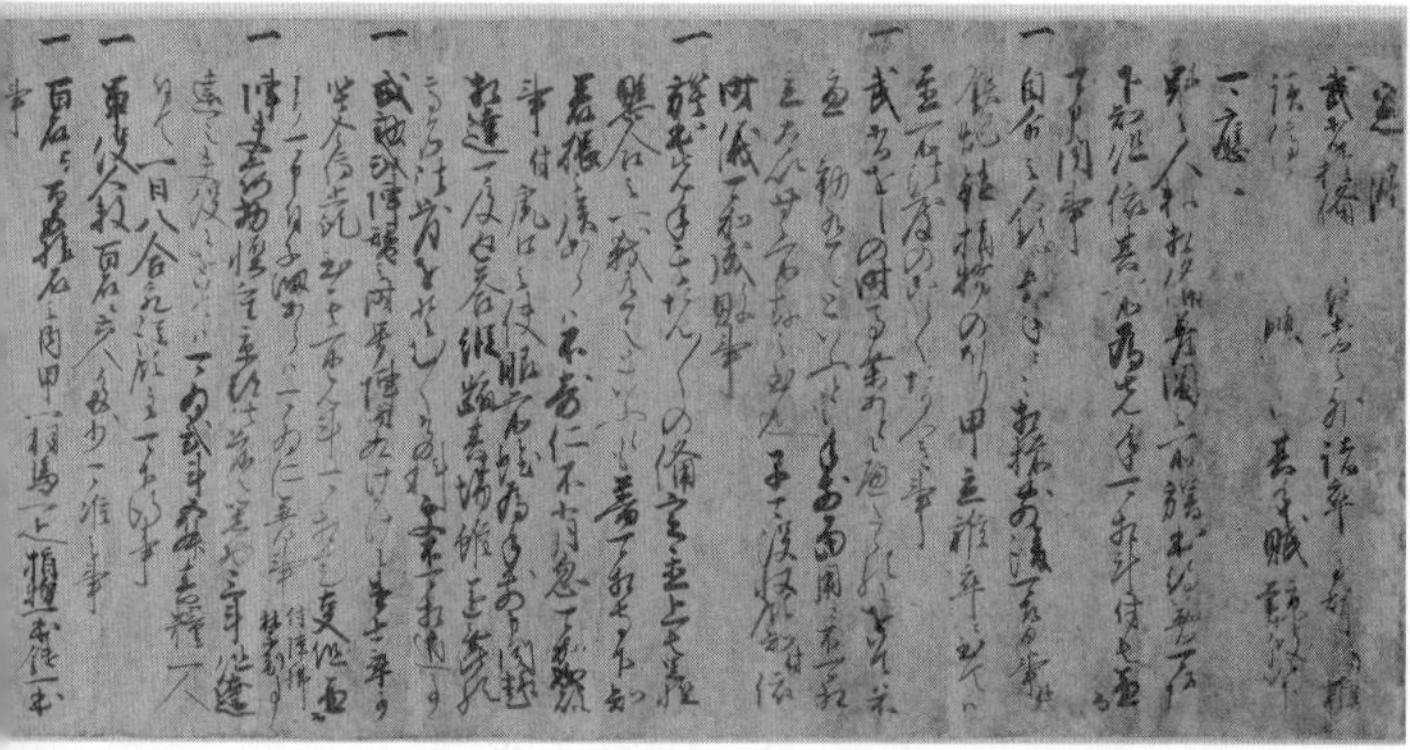

性が高いことから、この時期に明智軍法をつくっていたとしてもまったく不自然なことではない。この光秀の定めた基準などを参考にして、秀吉らが軍役を定めるようになったということは十分に考えられるのだ。

【明智光秀家中軍法】

第1条　戦場では大声で話したり雑談をしてはいけない。
第2条　先鋒《せんぽう》は勝手な行動をしてはならない。
第3条　各部隊は連絡を密に取るべし。
第4条　将校と兵は一体となって進むべし。兵と離れた将校は、場合によっては領地没収か死罪とする。
第5条　戦闘中に命令に背いたものは死罪。

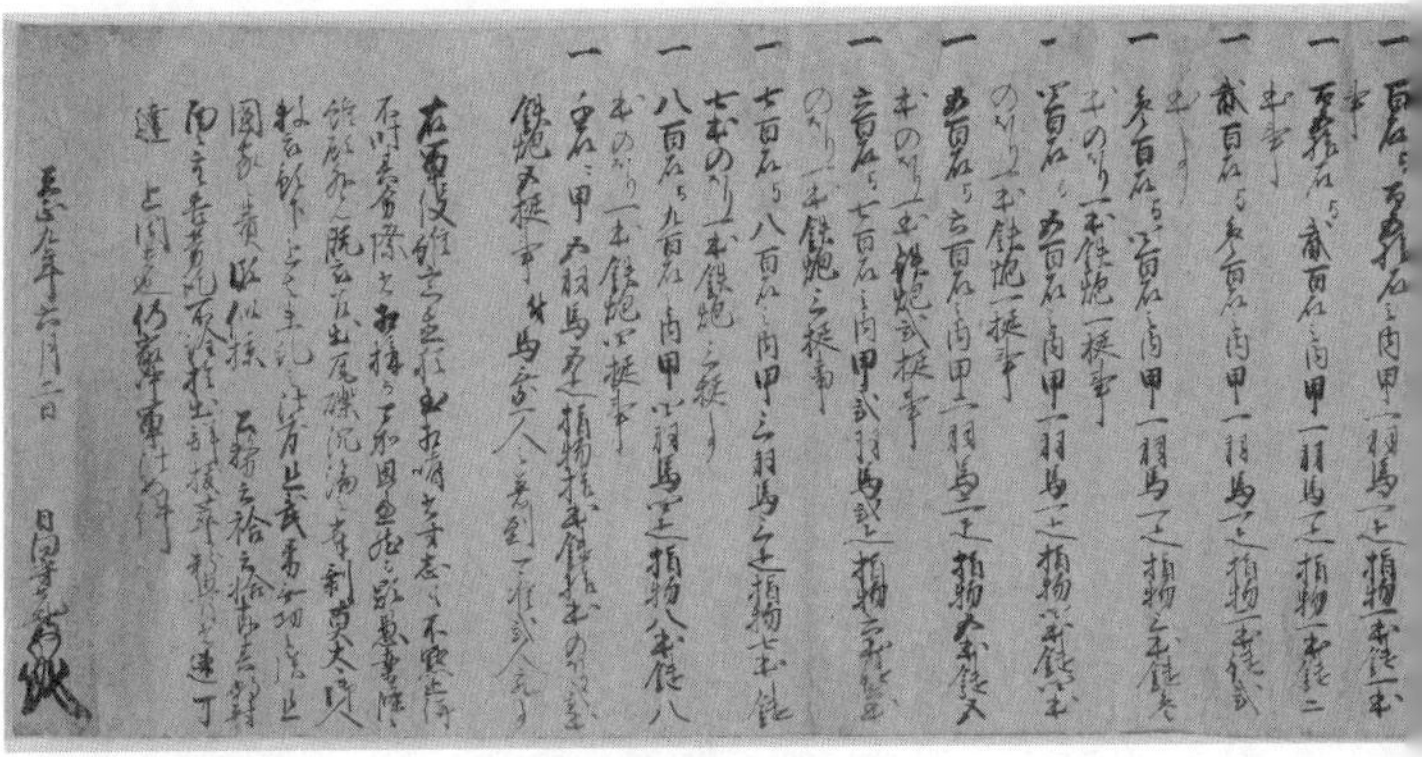

「明智光秀家中軍法」一巻　天正9年（1581）6月2日付
［御霊神社所蔵・京都府福知山市教育委員会提供］

第6条　抜け駆けの禁止。

第7条　兵糧《ひょうろう》は京枡《きょうます》で一人三斗《と》（遠方は二斗五升）、人夫の食糧は一日八合を領主が用意すること。

第8条　百石につき、兵を六人以上出すこと。

第9条　百石以上百五十石までは、甲《よろい》、馬、指《さし》物《もの》、鑓《やり》を一つずつ出すこと。

第10条　百五十石以上二百石までは、甲、馬、指物一つずつ、鑓を二つずつ出すこと。

第11条　二百石以上三百石までは、甲、馬を一つずつ、指物、鑓を二つずつ出すこと

第12条　三百石以上四百石までは、甲、馬を一つずつ、指物、鑓を三つずつ、幟《のぼり》、鉄砲を一つずつ出すこと。

第13条　四百石以上五百石までは、甲、馬を一

つずつ、指物、鑓を四つずつ、幟、鉄砲を一つずつ出すこと。
第14条　五百石以上六百石までは、甲、馬を二つずつ、指物、鑓を五つずつ、幟を一つ、鉄砲を二つ出すこと。
第15条　六百石以上七百石までは、甲、馬を二つずつ、指物、鑓を六つずつ、幟を一つ、鉄砲を三つ出すこと。
第16条　七百石以上八百石までは、甲、馬を三つずつ、指物を七つ、鑓を八つ、幟を一つ、鉄砲を四つ出すこと。
第17条　八百石以上九百石までは、甲、馬を四つずつ、指物、鑓を八つずつ、幟を一つ、鉄砲を四つ出すこと。
第18条　千石につき、甲、馬を五つずつ、指物、鑓を十ずつ、幟を二つ、鉄砲を五つ出すこと。

このように信長の社会経済改革において、重要な役割を演じてきた明智光秀だったが、信長の改革のある部分だけは受け入れられなかったようである。
それは「武家社会の破壊」である。

第4章　光秀を不安にさせた「近江の所領問題」

織田家一門の領地を近畿や尾張に集中

信長の中央集権化は、やがて光秀の利害をも侵すことになった。

その象徴的なものに「近江《おうみ》の所領問題」がある。

信長は晩年に、家臣の所領をなるべく織田家一門に取り込もうとしていたことは前述したとおりである。

そして織田家一門の領地を、近畿《きんき》や尾張《おわり》などに集中させるようになった。近畿や尾張にあった家臣たちの所領を取り上げ、遠方に転封《てんぽう》を命じたり追放したりしたのだ。たとえば、柴田《しばた》勝家《かついえ》に越前《えちぜん》一国を与え、滝川《たきがわ》一益《かずます》に上野《こうずけ》一国を与え、その代わりに近畿や尾張にあった彼らの所領を織田家に収公した。また、佐久間《さくま》信盛《のぶもり》、林《はやし》秀貞《ひでさだ》らを追放し、彼らの持っていた近畿や尾張の土地を収公した。

柴田勝家、滝川一益、佐久間信盛、林秀貞などは、織田家家臣の中でも最も大きな所領を持っていた。彼らが近畿や尾張に持っていた所領の広さは明確なところはわかっていないが、なにしろ織田家の重臣だったわけなので、かなりの広さがあったはずだ。その彼らを近畿や尾張から追い出し、その土地を織田家が収公すれば相当な土地が織田家に入ってきたはずである。

これには、「近畿から尾張までの一帯を織田家一門の領地にしておきたい」という信長の意志が見て取れる。

当時の日本の政治経済の中心は、京都、大坂《おおざか》だった。

京都には、朝廷もあるし、室町幕府も置かれていた。また大坂は、日本最大の港である堺《さかい》を擁《よう》し、商工業の中心地でもあった。近畿を支配すれば日本を支配できるということである。

そして、信長自身の地元である尾張から近畿一帯を織田家一門が所有すれば、織田家の財政は非常に安定する。戦乱が終わったばかりで混乱している土地を家臣に与え、治安が落ち着いた土地は織田家が収公しようという意図もあった。

そうして織田家の財政力を高め、ゆくゆくは、かつての朝廷のような中央集権的な社会システムをつくろうというわけである。

そのために、近畿や尾張に所領を持っている家臣たちを立ち退《の》かせなければならなかったのだ。

近畿の中でも、とくに信長が重要視したのが近江地域なのである。

ご存じのように、信長は近江に安土城《あづちじょう》を建てている。つまり、信長は近江地域を織田家の新しい本拠地にしようとしていたのである。

しかし、近江地域の中心ともいえる「滋賀郡《しがごおり》」を所領としていたのは光秀である。滋賀郡は、延暦寺《えんりゃくじ》のおひざ元であり、当時の日本経済の最重要地ともいえる場所だったが、その代わり、非常に統治がしにくかった。

光秀は、その地を、苦労しながら短期間で安定統治させることに成功した。しかし、その滋賀郡も、信長は収公する予定だった。光秀としては、反発心が起こらないはずはなかったのだ。

本章ではその経緯について説明したい。

信長が近江を本拠地にしようとした意図

近江は、戦国時代当時、非常に重要な地域だった。

現在の近江地域は湖畔の風光明媚《めいび》な地方都市という存在であり、戦国時代もさびれた農村だったとイメージされることが多いようである。

しかし、それは誤解である。

あまり顧《かえり》みられることがないが、信長が安土城を築いた近江は、中世において非常に進んだ地域だったのだ。「戦国時代、日本で最も繁華な商工業地域だった」と言ってもいいのである。商工業の規模としては京都や奈良よりも大きかったと思われる。

そもそも近江は、歴史的に由緒ある土地である。一時的にではあるが、首都だったこともあるのだ。

天智《てんじ》天皇の時代、朝廷は朝鮮半島の百済《くだら》と同盟を結び、唐《とう》（中国）と新羅《しらぎ》（朝鮮）の連合軍に対して戦いを挑んだ。しかし天智2年（663）、白村江《はくすきのえ》の戦いで大敗し、国家存亡の危機を迎えた。

唐の侵攻を恐れた朝廷は、天智6年（667）、臨戦態勢を整えるために交通の便のいい近江の大津《おおつ》に都を移した。そして天武《てんむ》元年（672）、「壬申《じんしん》の乱」の後に天武天皇によって都が飛鳥《あすか》に戻されるまでの5年間、大津が日本の首都だったのである。

この時期に、近江は商工業都市として大きく発展した。

白村江の戦いの後、日本は、百済からの多くの亡命者を受け入れたが、その多くは近江に住んだとされている。

『日本書紀』には、百済の鬼室集斯《きしつしゅうし》ら700人以上が南近江蒲生郡《がもうごおり》（安土城のすぐ近く）に移住したことが記されている。

これらの人々は、大陸の文化や技術を日本にもたらすことになった。陶工になった者も多い。陶器の製造は当時の最先端の技術であり、近江は一躍、日本の先進工業地域となったのだ。

また、近江には「国友村《くにとも》」という重要な兵器工場地域があった。国友村は戦国時代、堺と並んで鉄砲の一大産地だった。ここも古来、朝鮮から帰化した鍛冶《かじ》職人などが住み着いたところである。

戦国時代、国友村に鉄砲が伝わり、それはすぐさま製品化された。そのため、鉄砲の一大製造地となったのだ。国友村は堺よりもさらに進んだ鉄砲製造地域だったのだ。

国友村には「信長が16歳のとき、500挺《ちょう》もの鉄砲を発注した」という記録が残っている。この記録は、さすがに信長の年齢が若すぎるために信憑性《しんぴょうせい》が疑われている。しかし、信長が早くからこの地から鉄砲を買いつけていたことは間違いない。

そもそも近江は、農地としても豊穣な地域である。のちの豊臣秀吉《とよとみひでよし》の「太閤検地《たいこうけんち》」によれば78万石《ごく》で、陸奥《むつ》に次いで2位だった。面積比から見れば、断トツで近江が豊穣だったといえる。

その豊穣な地に、百済などからの先端技術が入り、しかも交通の便がいいとなれば栄えないはずはない。近江は南北朝時代、すでに「市《いち》」の数が18に達しており、日本一の商業地でもあったのである。

また近江は古来、仏教の中心地でもあった。

近江の大津で生まれた最澄《さいちょう》は、唐に留学したのち、近江の比叡山《ひえいざん》に延暦寺を建立する。この比叡山延暦寺は、信長に焼き討ちされたが、日本の仏教界の中心であり、文化の中心であった。法然《ほうねん》・親鸞《しんらん》・日蓮《にちれん》など鎌倉仏教の祖師たちの多くも、若かりし日には比叡山で修行《しゅぎょう》しているのである。

つまり近江は商工業・文化において、日本で最も栄えていた地域だったのだ。その近江地域のど真ん中に、信長は安土城を築いたのである。

交通の要衝だった近江

近江は当時、日本の交通の要衝《ようしょう》でもあった。

よく知られているように、信長が室町幕府15代将軍足利義昭《あしかがよしあき》を擁して上洛《じょうらく》し、京都を制圧したとき、将軍は褒賞として畿内《きない》6か国の管領《かんれい》として推挙《すいきょ》しようとしたが、信長はそれを断り、その代わりに「堺《さかい》」「大津《おおつ》」「草津《くさつ》」を所望した。

堺は当時、日本で最大の国際港である。だから、これを欲したのは理解できることだろう。しかし「大津」「草津」というと、現在の我々から見れば首をかしげてしまうはずだ。大津や草津がどこにあるのかさえ、よく知らない人も多いだろう。

大津・草津ともに琵琶湖《びわこ》周辺の地である。

大津は、琵琶湖の最南にあり、琵琶湖水上ルートの京都側の玄関口にあたる。当時、京都から東国へ行く場合、琵琶湖を船で上るのが一般的であったので、大津は人や物が非常に多く集まる港だった。

また草津は、琵琶湖の東岸にあり、中山道《なかせんどう》と東海道の分岐点となっている。これもまた交通の要衝である。

当時、京都・大坂から東国に行く場合、中山道や東海道を通ることがほとんどだった。そして中山道を通るにも東海道を通るにも、京都から琵琶湖の西側に出て琵琶湖を渡るというのが定番のルートだった。

また海路で東国へ行く場合も、伊勢湾《いせわん》が出発点になっており、伊勢湾に行くまでにはやはり琵琶湖を渡るのが定番のルートだった。

越前《えちぜん》・越後《えちご》など日本海側に行く場合も、琵琶湖を上るのが最短ルートである。

西国と東国をつなぐ琵琶湖

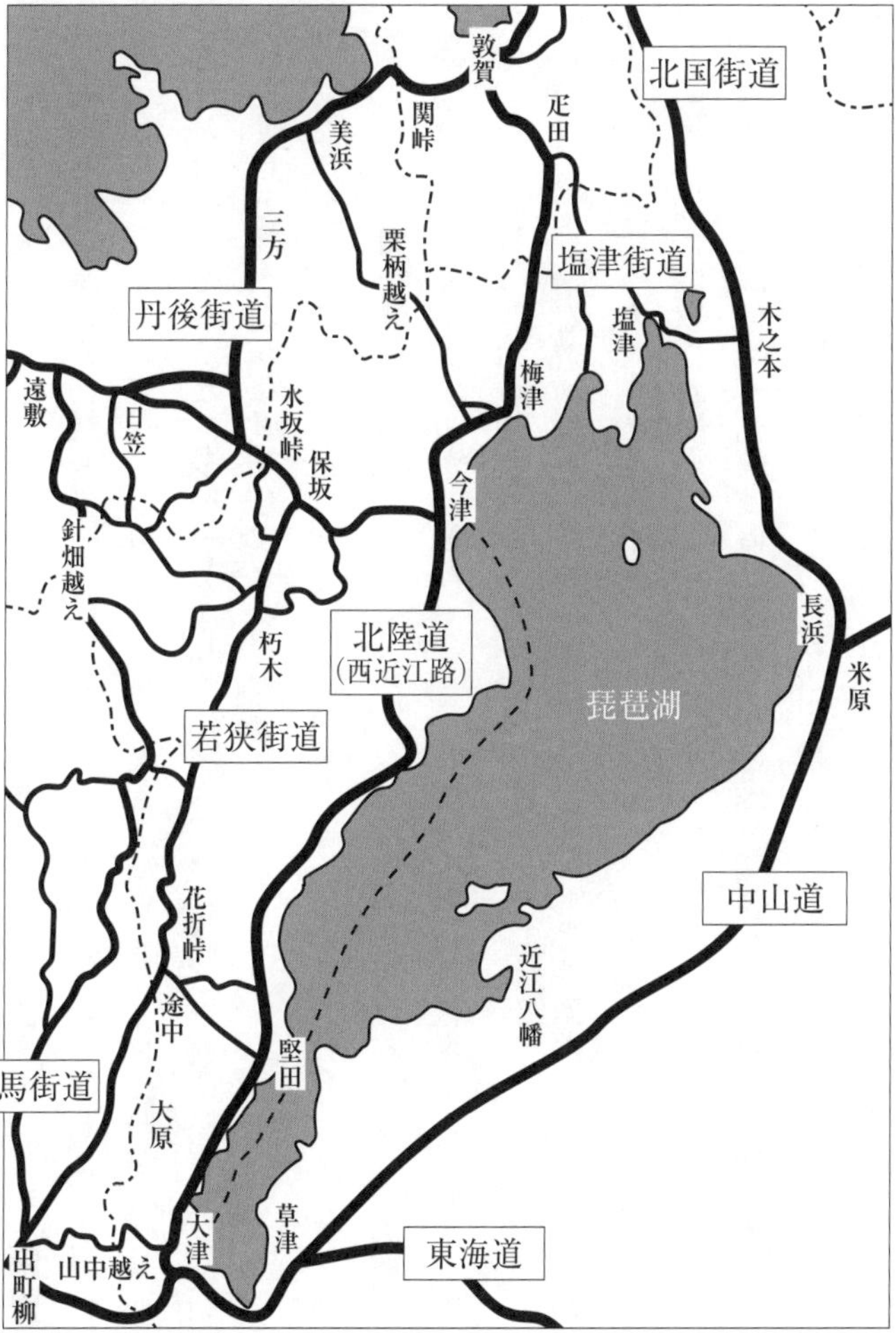

だから、京都・大坂から東へ行く場合ほとんどのケースで琵琶湖を通っていたのだ。

当時、人や物を運ぶとき、最も早いのは船を使うことだった。船であれば、大量に物資を運ぶことができる。が、海の場合は天候に大きく左右されるし、船が暗礁《あんしょう》に乗り上げるなど事故に遭うことも多い。しかし琵琶湖は、それほど天候に左右されないし、暗礁に乗り上げるような事故も少ない。

しかも京都から目と鼻の先にある。

琵琶湖というのは、当時の人々にとって「ハイウェイ」のようなものだったのだ。

当時の港では、関税を課すのが普通だった。そして、大きな港は多くの船が出入りするので、その関税収入だけで莫大《ばくだい》なものになる。

戦国時代以前、日本有数の港だった兵庫湊《ひょうごのみなと》には、「北関《きたせき》」と「南関《みなみせき》」という二つの税関があった。そのうち北関の税関台帳が残っている。この税関台帳によると、積荷の1％が関税として徴収されていたという。

また、越後の上杉謙信《うえすぎけんしん》は、柏崎《かしわざき》と直江津《なおえつ》の二つの港の関税収入だけで年間4万貫《がん》に及んだという（『信長・徹底分析十七条』小和田哲男著・KTC中央出版）。

4万貫というと、だいたい30万石大名の収入に匹敵するものである。謙信は、実際の領地に加え、30万石分の領地を持っていたのと同じというわけである。江戸時代の土佐藩《とさ》が24万石だったとされているので、土佐一藩よりも多くの税収が、わずか二つの港から得られていたのである。

港を持つことが、どれだけ大きな利益を生むか。

しかも琵琶湖沿岸の大津・草津は、謙信の港よりもはるかに栄えていた。

謙信の持っていた柏崎と直江津は日本全体の交易ルートから見れば、側道的な存在である。琵琶湖の港に比べれば、貿易量は小さいといえる。

琵琶湖を抑えるのは、莫大な富を得られるということであったのだ。

近江は戦略上の拠点でもあった

交通の要衝というのは、当時の戦国大名たちにとって戦略上においても非常に重要だった。

戦国大名が敵方の交易ルートを遮断し、経済封鎖することは、非常によくおこなわれていた。これを「荷留《にどめ》」といった。また荷留は、港でおこなわれることが多いので「津留《つどめ》」ともいわれた。

たとえば、今川氏と北条《ほうじょう》氏が手を組んで、相模《さがみ》・伊豆《いず》・駿河《するが》から甲州《こうしゅう》武田領への塩荷の輸送を禁止したことがある。このとき、武田信玄《たけだしんげん》のライバルだった上杉謙信が武田方に塩を送ったというエピソードが知られているが、これは史実的な証明がなされておらず、どうやら後世の作り話らしい。

ほかにも、記録に残っているだけでも、結城《ゆうき》氏、上杉氏、北条氏、武田氏、長宗我部《ちょうそかべ》氏、島津《しまづ》氏などが荷留をおこなっている。結城氏の家法「結城氏新法度《しんはっと》」には、荷留の対象となる物資について「米、塩、馬、木綿《もめん》」と厳密に定められている。

このように戦国時代では、敵方の軍需物資を差し止めることを多用していたわけである。まあ、戦争において経済封鎖というのは常識的な作戦でもあるだろう。

信長が、堺・草津・大津を重要視していた理由の一つとして、経済封鎖も必ずあったはずだ。

堺・草津・大津の港はもちろん収益も大きい。だから、その点ばかりがクローズアップされる傾向にある。が、堺・草津・大津は、収益を挙げること以上に戦略的価値があったのだ。

信長は、敵国に対してもちろん軍需物資の差し止めをおこなっていた。

たとえば天正《てんしょう》5年（1577）、上杉謙信と交戦していた信長は、若狭湾《わかさわん》を航行する廻船《かいせん》などに対して、謙信領への米の搬入を禁止している（「溝口文書」より）。

また、北陸方面軍指揮官の柴田勝家も、三国《みくに》港の問丸《といまる》（流通の元締め）の森田氏に、越後《えちご》・越中《えっちゅう》・能登《のと》の三か国への入船を止めさせている。

この経済封鎖戦略を考えた場合でも、琵琶湖を擁する近江は非常に重要な場所だった。琵琶湖は西国と東国をつなぐ大動脈だったので、ここを抑えていれば、諸大名に対して強い牽制《けんせい》となる。

このように、交通の便がいい近江は、商工業だけでなく、経済封鎖戦略上の意味においても、重要な拠点だったのである。

光秀に与えられた滋賀郡は近江の中心

何度か触れたように、光秀は元亀《げんき》2年（1571）、比叡山延暦寺の焼き討ちなどの功により、信長から近江の滋賀郡5万石を与えられている。

滋賀郡は、戦略上重要な近江の中でも、商工業・交通の中心地ともいえるような場所であり、とくに重要な地域だった。

滋賀郡には「坂本《さかもと》」という港町があった。坂本は、古代からの交通の要衝だった。大津よりも坂本のほうが京都に近いので、坂本は琵琶湖交通の中心的地位を占めていた。京都から東国へ物資を運ぶ場合、志賀《しが》越え（山中《やまなか》越え）のルートで坂本まで行き、坂本から船で対岸の志《し》那《な》などに渡り、そこから美濃路《みのじ》をたどるというのが一般的なルートだったのだ。

そして坂本は、「上坂本《かみさかもと》」と「下坂本《しもさかもと》」の二つの地区に分けられていた。下坂本には、戸津《とづ》・今津《いまづ》・志津《しづ》という三つの港があり、「三津浜《みとはま》」と呼ばれていた。鎌倉時代から、琵琶湖上を通行する船に課す関税は主に三津浜で徴収されていた。

上坂本は比叡山延暦寺が支配する地域であり、里坊《さとぼう》が立ち並んでいた。永禄《えいろく》13年（1570）3月19日の『多聞院日記《たもんいんにっき》』には「上坂本家々数多《いえいえかずおおく》繁昌《はんじょう》ト見ヘタリ」と記されている。

延暦寺は信長の焼き討ちに遭ったが壊滅したわけではない。中心部分に打撃を受けた程度である。延暦寺全体としては、信長の焼き討ち以降もそれなりに維持しており、日本仏教界の中心であり続けた。近年の発掘調査でも、人骨や焼け跡などはあまり見つかっておらず、それほど大規模な虐殺《ぎゃくさつ》はなかったことが明らかになっている。

何度か触れたように、延暦寺は仏教界の中心というだけではなく、経済界の中心でもあった。延暦寺のおひざ元である上坂本は、商工業が非常に発達した地域だったのである。延暦寺関連の土倉《どそう》（金貸業者）の多くも、上坂本にあった。

言ってみれば、上坂本は当時の日本の最大の経済金融都市だったわけだ。

また滋賀郡には、「堅田《かただ》」という水運の拠点の地もあった。

堅田には「堅田衆」と呼ばれる一大勢力があり、彼らは古来、琵琶湖における漁業権や水運権を握っていた。

堅田では商工業が発達し、造船業が昔から盛んだった。慶長《けいちょう》6年（1601）6月の『江州《こうしゅう》諸浦《しょうら》れう（漁）船《せん》、ひらた舟之帳《ぶねのちょう》』によると、琵琶湖地域の船数では堅田が1位だった。

信長は、浅井《あざい》・朝倉連合軍と戦っているとき、琵琶湖で巨大船をつくって威嚇《いかく》したのだが、この巨大船をつくったのも堅田衆だったのである。

このように、金融・工業・交通など経済のあらゆる面で、滋賀郡は日本の一等地だったのだ。

信長はなぜ、重要な滋賀郡を光秀に与えたのか

信長は、将軍に対して、堺・大津・草津の港を所望したが、本当は、大津よりも坂本の港のほうが欲しかったはずだ。しかし当時、坂本の港は比叡山延暦寺の勢力圏にあったので、大津を所望したものと思われる。

その坂本を、比叡山焼き討ちの功により、光秀に与えたのである。

なぜ、重要な場所を光秀に与えたのかというと、ざっくり言えば、統治が大変な土地だったからである。

滋賀郡は、比叡山延暦寺のおひざ元であり、延暦寺によって富み栄えた地域だ。延暦寺を焼き討ちにした織田家は、当然、人気がない。織田家と敵対していた浅井家の者も多かった。

また琵琶湖で大きな勢力を持っていた堅田衆は、海賊的な行為もおこなうなど、かなり荒くれ者が多かった。しかも彼らは独立心が強く、堅田は自治的な地域となっていた。

とにかく、難儀《なんぎ》な土地だったのである。

前述したように比叡山焼き討ちにおいて、光秀は重要な役割を果たしている。だか

ら、滋賀郡を与えたのは論功行賞としての意味合いもあった。が、最も大きい理由は、光秀が滋賀郡の統治に適していたからだと考えられる。

かつて光秀は、近隣の高嶋《たかしま》田中城に籠城《ろうじょう》していたこともあり、この地に土地勘《とちかん》がある。地域の実情や、有力者の情報などもよく知っていたはずだ。光秀に与えておけばどうにかするだろうということで、信長は滋賀郡を光秀に与えたのだろう。

光秀は、この難儀な土地を見事に統治した。

もちろん、非常に苦労も大きかった。

光秀は、国人衆《こくじん》を家臣として取り立て、組織の中に組み込んだ。そうすることで、反発を抑えたのである。

そして光秀は、彼らに対して非常に面倒見もよかった。

たとえば将軍足利義昭の奉公人だった頃には、比叡山東麓《とうろく》の国人だった磯谷久次《いそがいひさつぐ》に対して、光秀は名付け親になっている。また、堅田《かただ》衆の棟梁《とうりょう》だった猪飼甚助《いかいかんすけ》の嫡男《ちゃくなん》には「明智」の名字を与えている。ちなみに光秀は、傘下に入った国人衆に対して明智姓を与えることをたびたびおこなっている。

光秀は、家臣たちに対するケアも手厚いものがあった。

元亀4年（1573）、将軍義昭が信長に対して蜂起《ほうき》した戦いで、大津で光秀の家臣だった千秋輝季《せんしゅうてるすえ》ら18人が戦死した。光秀は、彼らの供養のため、西教寺《さいきょうじ》（現・滋賀県大津市。天台真盛宗《てんだいしんせいしゅう》総本山）に供養米を送っている。このときの寄進状は、今も西教寺に現存している。

こうした光秀の統治方法は、その後の織田家の模範となるようなものだった。

光秀の坂本城は、日本屈指の名城

光秀は、この近江の地に「坂本城《さかもとじょう》」という当時としては巨大な城を築いた。光秀は築城の名手でもあったのだ。

坂本城は、光秀の死後、秀吉によって廃城にされており、当時の絵図なども残っていないため、どういう城だったのかはあまりわかっていない。

しかし断片的な資料を集めるだけでも、相当に壮麗《そうれい》で巨大で先駆的な城だったことが伺える。

たとえば、信長がつくった安土城の画期的な面として「瓦屋根《かわらやね》」がある。当時、瓦はまだ、寺社などに使われる程度であり、城もほとんどは板葺《いたぶき》か藁葺《わらぶき》だったのだ。

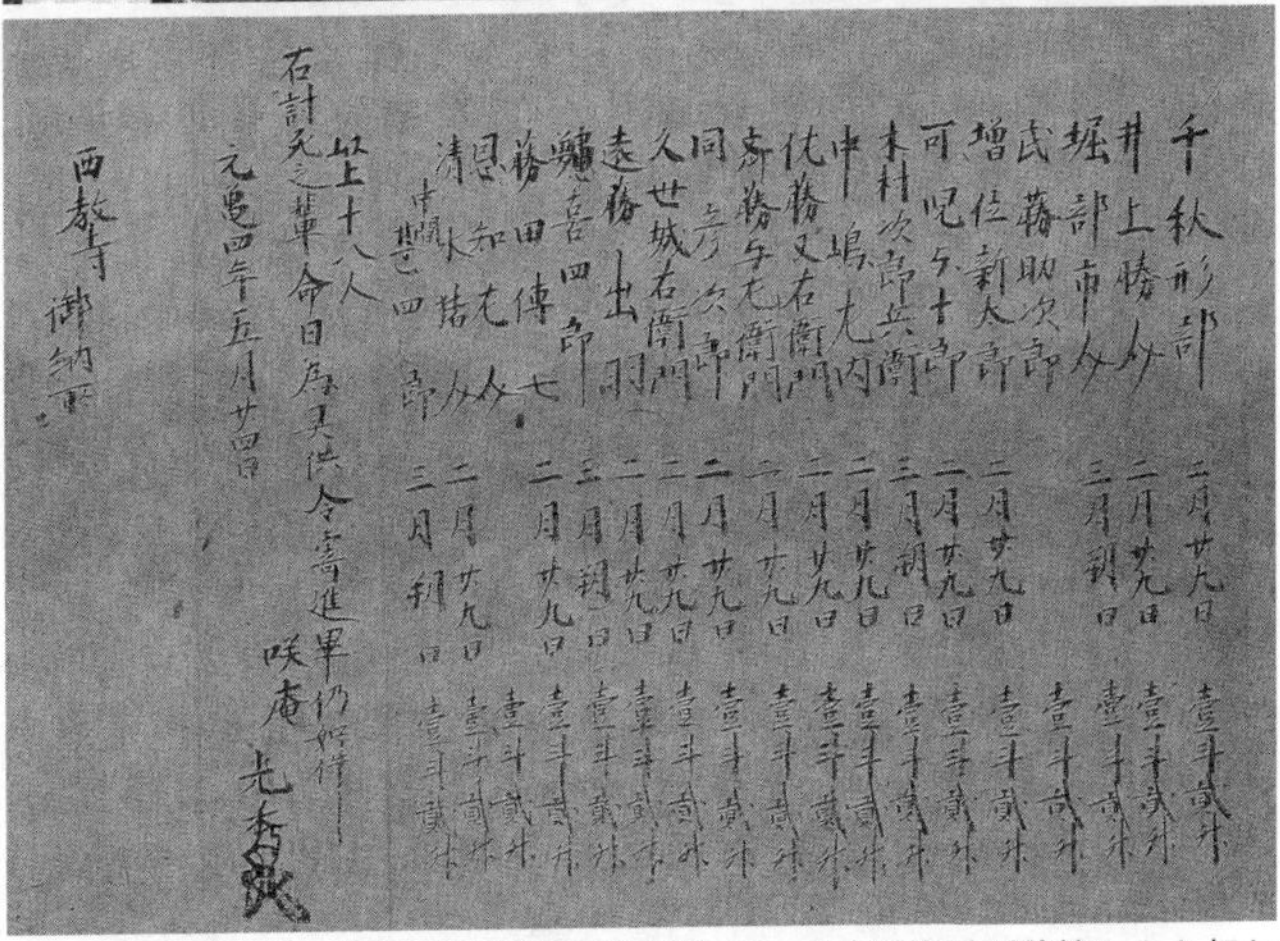

千秋刑部
井上勝介
堀部市介
武藤助次郎
増位新太郎
可児与十郎
木村次郎兵衛
中嶋九内
佐藤又右衛門
斎藤与左衛門
同彦次郎
久世城右衛門
遠藤出羽
鵜飼喜四郎
藤田傳七
恩知左介
清水猪介
中間 甚四郎

二月廿九日 壹斗弐升
二月廿九日 壹斗弐升
三月朔日 壹斗弐升
二月廿九日 壹斗弐升
二月廿九日 壹斗弐升
三月朔日 壹斗弐升
二月廿九日 壹斗弐升
二月廿九日 壹斗弐升
二月廿九日 壹斗弐升
二月廿九日 壹斗弐升
二月廿九日 壹斗弐升
二月廿九日 壹斗弐升
三月朔日 壹斗弐升
二月廿九日 壹斗弐升
二月廿九日 壹斗弐升
三月朔日 壹斗弐升

以上十八人
右討死之輩命日為其供令寄進畢仍如件
元亀四年五月廿四日　咲庵　光秀（花押）
西教寺　御納所

上:「西教寺総門」坂本城の城門を天正年間(1573〜92)に光秀が移築したと伝わる。下:「明智光秀供養米寄進状」[いずれも西教寺提供]
西教寺縁起によると聖徳太子が創建し、天智天皇8年(669)に「西教寺」の号を下賜された。室町時代、比叡山で修業した真盛上人が戒律・念仏の根本道場として再興。元亀2年(1571)、比叡山焼き討ちの際に焼失したが、坂本城主となった光秀によって復興された。光秀の妻をはじめ、明智一族の墓が残る。

しかし、光秀がつくった坂本城は、安土城よりも前に瓦を使用しているのだ。当時、城に瓦を使用したのは、大和の土豪で信長の臣下に降《くだ》った松永久秀《まつながひさひで》の多聞城《たもんじょう》くらいしかなかった。光秀は、その先駆の技術を活用し、信長もそれを採り入れたということである。

また、日本の城の名物として「鯱瓦《しゃちほこがわら》」がある。城の屋根の上に載った魚の形をした瓦のことである。

壮厳なイメージのある城の中でユーモラスな雰囲気を醸《かも》し出している鯱瓦は、名古屋城の「金の鯱」など、日本の城には欠かせないイメージとなっている。

鯱瓦も、もともとは光秀の坂本城などで使われていたものである。それを信長が安土城に採り入れたことにより、全国に広まったと考えられる。

元亀2年（1571）、完成した坂本城を訪問した吉田兼和《よしだかねかず》は、その壮麗さに驚嘆している。吉田家は名門公家《くげ》であり、京都の吉田神社の神主の家柄でもある。兼和は、後陽成《ごようぜい》天皇が即位した天正14年（1586）、天皇の諱《いみな》（和仁《かずひと》）を避けて「兼見《かねみ》」と改名。『兼見卿記《かねみきょうき》』という詳細な日記を残している。これは戦国時代の一級史料とされている。

その『兼見卿記』には、吉田兼和が、坂本城の小天守《しょうてんしゅ》で茶や夕食のもてなしを受けたことが記されている。

ここで注目すべきは、「小天守」である。

小天守があったということは、天守がいくつもあったことが推測されるのだ。

「天守」というのは、幾層にも重なった高層建築物のことであり、世間一般的にいわれている「城」とは、この部分のことである。本来、城は「要塞《ようさい》」であり、大規模な砦《とりで》のようなものだった。山城《やまじろ》の中には、土塁《どるい》や石塁《せきるい》など防塁《ぼうるい》が張り巡《めぐ》らされているだけのものもある。

しかし、信長の時代前後から城の中に「天守閣」という高層建築物が建てられるようになり、後世にはそれが「城」のイメージとして定着した。

天守というのは、城の中に一つつくるのが普通である。我々が知る城というのは、大きな建物が一つあるだけのはずだ。

が、坂本城には、天守がいくつもあったというのである。

つまり、坂本城には「城が林立していた」というわけだ。

イエズス会の宣教師ルイス・フロイスは、光秀のことを「築城のことに造詣《ぞうけい》が深く、優れた建築手腕の持ち主だ」と述べており、光秀がつくった坂本城のことを「安土城に次ぐ壮麗さだ」と記している。

フロイスは、信長が永禄10年（1567）に斎藤氏から奪った稲葉山城《いなばやまじょう》を改築した岐阜城《ぎふじょう》などにも訪れており、そのうえでの発言なので客観性がある。

また、安土城は天正4年（1576）に築城されており、坂本城はそれよりも5年早い元亀2年（1571）に完成しているため、安土城ができる前は、坂本城が日本で最も壮麗な城だったということになる。

光秀が精魂を込めてつくった坂本城は「本能寺の変」の直後に落城している。落城の際には、多額の黄金を海中に投下して攻撃側に与え、家宝の来国行《らいくにゆき》や粟田口《あわたぐち》吉光《よしみつ》の銘刀などを、秀吉軍の将《しょう》である掘直政《ほりなおまさ》に譲渡したことが伝えられている。

晩年の信長の近江統治計画

近江一国が織田領になったとき、当初、信長は近江の領地を重臣たちに分け与えていた。

明智光秀、佐久間信盛、柴田勝家、丹羽《にわ》長秀《ながひで》、羽柴秀吉《はしばひでよし》という織田家家臣のそうそうたるメンバーが近江の支配にあたったのである。

浅井・朝倉連合軍が降伏した直後の元亀3年（1572）頃の近江の領地の状況は、次のようになっている。

明智光秀が滋賀郡。佐久間信盛が栗太郡《くりたごおり》と野州郡《やすごおり》。柴田勝家が蒲生郡《がもうごおり》と甲賀郡《こうかごおり》。丹羽長秀が犬上郡《いぬがみごおり》と愛智郡《えちごおり》。羽柴秀吉が坂田郡《さかたごおり》。磯野員昌《いそのかずまさ》が高嶋郡《たかしまごおり》。磯野員昌というのは、前述したように旧浅井家の家臣であり、早々に信長の臣下に降ったことから厚遇されたのだ。

このように元亀年間頃の近江は、家臣たちが統治にあたっていたのである。それは、前述したように、まだ浅井・朝倉方の反織田勢力が残っており、統治がしにくかったので、最も有能な家臣たちを配置したというわけである。

が、近江の統治が安定し、信長の勢力圏が広がると、近江から家臣たちを離れさせるようになった。天正8年（1580）頃の近江は、光秀領以外はほとんど織田家一門の領地になっているのだ。

佐久間信盛が領有していた栗太郡と野州郡は、佐久間親子の追放に伴い、信長の直轄領になったと見られる。

柴田勝家が領有していた蒲生郡と甲賀郡は、勝家の越前転封により、これも織田家が収公した。

犬上郡と愛智郡を領有していた丹羽長秀は、新たに若狭《わかさ》一国を与えられており、また四国方面軍の副官に任命されたことからも、四国に領地を与えられることが見えていた。だから、犬上郡と愛智郡もいずれ収公する予定だったものと考えられる。

丹羽長秀が転封になったかどうか明確な記録は残っていないが、他の家臣の例などから見ても、犬上郡もいずれ織田家が収公することになっていたはずだ。

坂田郡を領有していた秀吉は、中国方面軍指揮官になっており、播磨《はりま》や但馬《たじま》などに新たに領地を得ていた。秀吉に対する転封の明確な記録も残っていないが、近江の居城だった長浜城《ながはまじょう》には、堀秀政《ほりひでまさ》が、荒木村重《あらきむらしげ》討伐、越前一向宗《いっこうしゅう》制圧の功績により、城主として入ったという記録もあり、天正9年（1581）あたりに転封になっていた可能性が高い。また、前述したように秀吉は、信長の四男（羽柴秀勝《はしばひでかつ》）を後継養子として迎えており、いずれにしろ秀吉の近江領が織田家領になることは確実だった。

高嶋郡を領有していた磯野員昌は天正6年（1578）、信長に叱責《しっせき》されたことで出奔《しゅっぽん》。前述したように、後継養子とした信長の甥《おい》（津田信澄《つだのぶずみ》）が家督を引き継いだ。

元亀３年（1572）当時の近江国

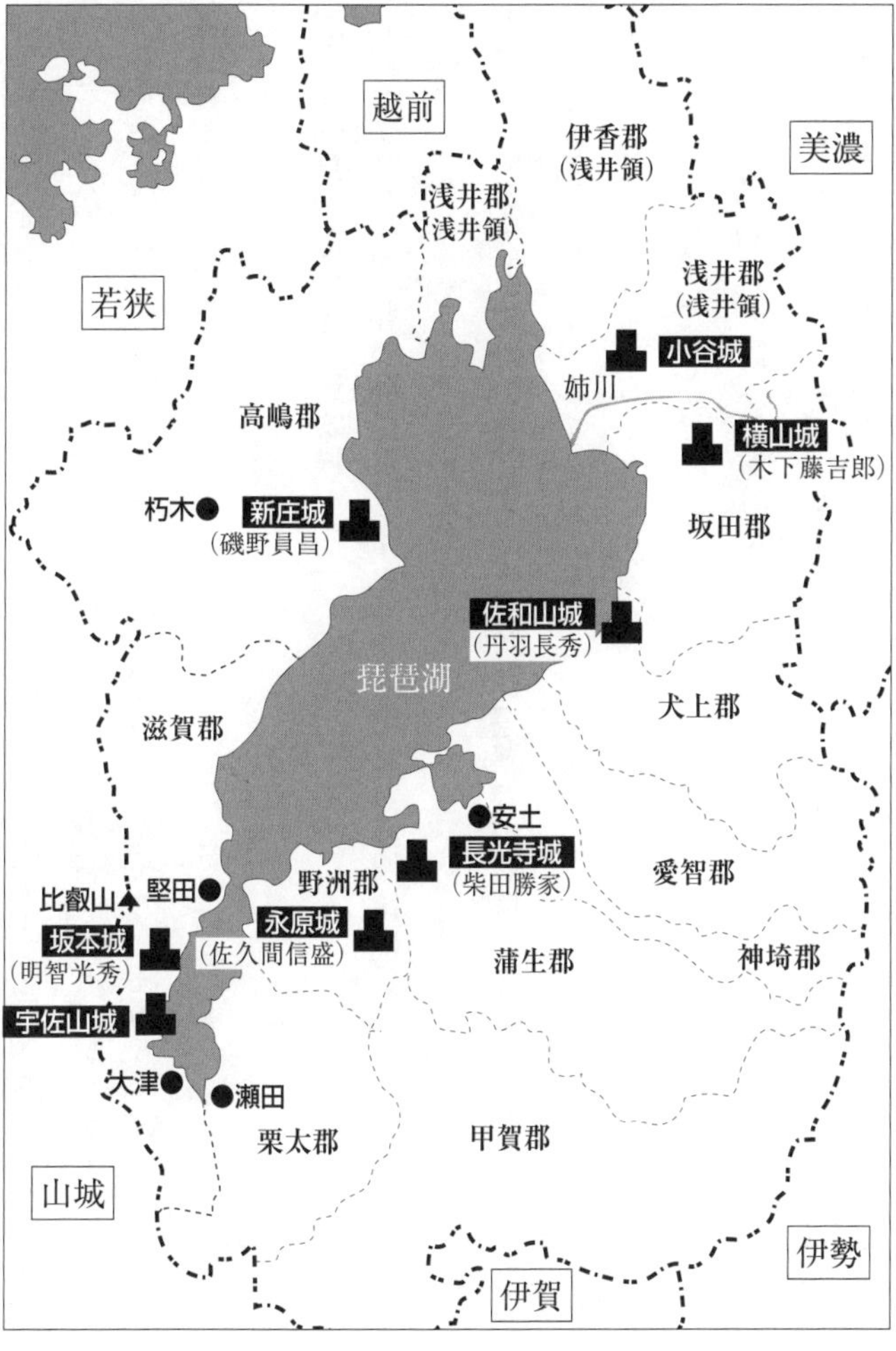

このように天正8年（1580）頃には、近江のほとんどが織田家一門の領地となっており、その中に光秀領がポツンと残されている状況になっていたのだ。

しかも光秀は、新たに丹波《たんば》一国を与えられており、光秀の近江領も、いずれ織田家に収公されるのは目に見えていた。

立ち退き物件だった光秀の坂本城

安土城の位置を見ても、信長が近江一国を織田家の直轄領にしようとしていたことがわかる。

安土城は、近江の東側の中ほどに位置し、琵琶湖の中継地である草津が眼前にある。近江全体を統治するには打ってつけの場所だといえる。

安土城は、天正4年（1576）正月、着工された。

光秀に滋賀郡を与えてからわずか5年後のことである。これを見ても、信長は近江の地を一時的に光秀らの家臣に預けていたに過ぎないということがわかる。

そして近江の統治がスムーズにいったため、早々に安土城築城を決めたのである。

安土城は、着工から3年半後の天正7年（1579）5月には天守閣が完成し、信長が移り住んでいる。

安土城が築かれた安土山は、標高１９９メートル、琵琶湖の湖水面からは１１０メートルの小高い丘のような地形である。そこに、地上６階と地階の石蔵を含めて７階建ての本格的な天守閣を擁する巨大な建築物がつくられたのである。

近世の城のエポック的存在である。

安土城は、とにかく新しいこと尽くめの城だった。

安土城の特徴の一つに石垣（石塁）がある。

安土城は、山頂の天主台、本丸、二の丸、東の丸などの諸曲輪《くるわ》から、搦手《からめて》（裏門）周辺、山腹一帯に点在する側近や重臣たちの邸宅も、それぞれ石塁が築き上げられていた。石垣の高さは13・２メートルあったという。

現在の我々の感覚では城と石垣は切っても切れないようなイメージがあるが、安土城以前には石垣でびっしり囲われた城というのはほとんどなかったのだ。六角《ろっかく》氏の観《かん》音寺城《のんじじょう》も石垣が積まれていたようだが、それも敷地のごく一部であり、敷地全体に石垣が積まれた城というのは、安土城が最初だとされている。

また安土城の構造は、地下１階、地上６階の７階建てで、外観上は５層だった。天主閣の高さは16・5間《けん》（約30メートル）。現在の感覚でいえば、10階建てのマンションに相当する。

安土城の斬新《ざんしん》さの極めつけは、その配色である。

外壁は、各層ごとに金・青・赤・白・黒に色が塗り分けられていた。こういう極彩《ごくさい》色《しき》の建物というのは、日本ではほとんど例がない。東南アジアなどの建物に似ているといえる。信長は、宣教師たちにインドの建物のことなどを詳しく聞いていたようなので、その影響があるのかもしれない。

最上階の屋根には、数個の鬼瓦《おにがわら》が載せられていた。

そして、各部屋の襖《ふすま》には様々な趣向を凝らした絵が描かれており、金箔貼《きんぱくは》りか、金《きん》泥《でい》が塗ってある。

今の我々の感覚からいっても、相当に異様な巨大建築物である。当時の人々が、初めてこれを見たとき、どれだけ驚嘆したことだろうか。

宣教師フロイスは、報告書の中で安土城のことを次のように述べている。

「信長は、安土の中央の丘の上に、壮大で要害堅固な宮殿と城を建てた。これは、ヨーロッパの最大の建物に匹敵するものである」

「頑丈で巧妙につくられた城壁の中には、数多くの優雅な建物が並び立ち、すべての家屋に金の装飾が施されている。これはまさに、人間の成し得る優美さの極致である」

また信長は、京都～安土城間の道路整備にも余念がなかった。

フロイスの報告書には、次のように述べられている。

「安土城から都までは14レグワ（約78キロメートル）の距離であったが、信長はその道路を、畳5、6畳の幅の一本の道筋になるようにし、いつも平らで、清潔で、真っ直ぐで、両側には樹木を植えて、夏には陰を与えるようにさせていた。そうして、ある間隔をおいて沿道に箒《ほうき》が吊るしてあり、道路を掃き清めるために、その近くの土地から来る人が決まっていた」

「旅行く人たちがそこで元気を回復し休息することができるように、一定の間隔をおいて家があり、食料品を豊富に備えていて、そこでそれを売っていた」

これを見ると、京都から安土城までの道は、旅人のための「道の駅」まである非常に利便性の高い街道だったことがわかる。

また、琵琶湖には10隻の高速船が用意されていた。

海上交通と道路の整備により、安土城から京都まで半日で行けるようになった。これで、京都で何かが起きても、信長の軍勢は半日で駆けつけることができるのだ。

巨大な安土城築城と、交通網の整備度合いからいって、信長が近江の地を本拠地にしようとしていたことは間違いない。

光秀がつくった坂本城とは、直線距離にして30キロほどしか離れていない。

光秀の壮麗な坂本城は、もはや立ち退《の》き物件になっていたのだ。

第5章　「朝廷の世」に戻そうとしていた信長

武家社会を終わらせ、朝廷の世に戻す

信長は晩年、家臣に与えていた近畿《きんき》や尾張《おわり》の所領を収公し、自分の息子や親族の所領を大幅に拡大させた。

この信長の自分勝手ともいえる所領の収公には大きな理由がある。

信長は、武家社会を終わらせ、「朝廷の世」に戻そうとしていたのだ。

なぜなら武家社会というのは、第3章で述べたように、「将軍が、全国の何万、何十万という武家に所領を認め、武家はその統治をする。そして何か事が起きれば、武家は将軍のもとに集まり、武士としての働きをする」という封建制度によって成り立っている社会だった。

しかし、基本的に武家はそれぞれ独立しており、将軍からの指図は部分的にしか受けなかった。

つまり武家社会というのは、中央集権とは真逆の「各地域の独立性の高い社会」だったのである。

武家がそれぞれに領地を持ち、兵を抱えるということは、その兵はいつでも反乱軍に使われる可能性がある。

「幕府」という中央政府の軍事力や統制力が弱いうえに、各地域に武装した集団が割拠しているわけで、当然のことながら紛争が起こりやすい。

鎌倉時代から室町時代にかけて治安が乱れ、戦乱が絶えなかったのは、この「弱い中央政府」のせいでもあった。

この武家社会の矛盾を解消するために、信長は「中央集権による強力な中央政府」をつくろうと試みていた。

そしてこの目的のために、まず織田家に所領を集約したのである。

が、信長が本当にやろうとしているのはそういうレベルではなかった。

信長の最終的な目的は、すべての土地を国家が管理すること。

つまり、全国の大名や国人衆《こくじん》が持っている土地をすべて取り上げようということだった。

それは、武家社会を終わらせることだった。

具体的に言えば、武家を土地から切り離すことである。

しかし、これは大変な改革である。

当時、「武家」と「土地」は切っても切れない関係だった。

武家は、土地を所有することで武家と成り得た。そして、土地を得るために命を懸けてきた。つまり土地とは、武家のアイディンティティだったのである。

なぜ、武家と土地は切っても切れない関係になったのか？

第3章で述べたように、そもそも古代日本では土地はすべて国家のものだった。

しかし、各地の土豪たちが土地を私有し、自分の土地を守るために武装するようになり、それが「武家」となった。

鎌倉幕府は封建制度を基に、武家の土地所有を正式に認めた。室町幕府も同様に、武家の土地所有権を認め、守ることによって成り立ってきた。

そして当時の武家にとって、自分の土地を守ることが大命題だった。

武家にとって土地というのは、それほど重要なものだったのだ。

武家政権の価値観では、武家それぞれが一個の独立した経営者であり、征夷大将軍《せいいたいしょうぐん》というのは、各武家の権限を守る「武家の代表者」に過ぎない。土地は武家のものであり、将軍といえども簡単に取り上げたりはできない。

しかし、こうした封建社会は、中央政府にとって必ずしもいいことではなかった。

鎌倉・室町時代の幕府は、封建体制によって大きな制約を受けていた。具体的に言えば、国を運営するほどの税収が確保できないということである。室町幕府の財政基盤が弱かったのも、結局、直轄領からしか徴税できなかったことが大きい。

そして各土地土地はその所有者によって支配されているため、幕府は日本全体を統治できず、治外法権のような状態になっている。

しかも土地の所有権における争いが絶えず、領主同士の紛争がたびたび起こった。

信長にとって、それは非常に不合理な社会システムに見えたのだろう。

そこで、中央政府が国全体を一元管理し、国の方針を行き届かせるために、政府の代理を各地につかわす。そうすれば、行政や徴税もスムーズにおこなえるし、地域間の争いもなくなる。

信長はそういう国家づくりを目指していたようである。

それは、古代の朝廷中心の国家体制に戻すものでもあり、明治維新後の国家システムに進めるものでもあった。いずれにしろ、「封建社会」から抜け出すということである。

「兵農分離」すなわち「中央集権」

信長というと、「兵農分離」を先駆けておこなったことで知られている。

当時の武士の中には、領内で農業経営をおこない、自分で耕作する者も多々いた。

兵農分離とは、武士たちを農業経営から切り離し、「武力」だけに専念させる制度である。つまりは、領内の統治は中央政府が一括しておこない、家臣は兵として働くことだけを求められた。

これは、「武力」を政府が一元管理するという意味でもある。

それまでは、武家各々が領地を持ち、各々が武装していた。つまり、武家社会では「私設軍」が至るところにあったのだ。

が、兵農分離をすることにより、「公的な軍」を充実させ、「私設軍」を消滅させしめようということである。

この兵農分離こそが、信長の中央集権志向を如実に表すものである。

信長の兵農分離政策については、いつ頃から始まったのか明確なことはわかっていない。学者の中には、信長の時代にはそれほど進んでいなかったのではないかと主張するものもいる。

が、近年、城の発掘調査などが進むにつれ、信長はかなり早い段階から兵農分離政策を進めていたことがわかってきたのだ。

たとえば、尾張の清須城《きよすじょう》である。

清須城というと、信長の死後、織田家の家臣たちが今後のことを話し合った「清須会議」が有名だ。

信長は尾張時代、美濃《みの》攻略のために小牧山城《こまきやまじょう》をつくるまで清須城を居城としていた。年代でいうと、弘治《こうじ》元年（1555）頃からである。今川義元《いまがわよしもと》を討った桶狭間《おけはざま》の戦いよりも5年ほど前のことだ。

清須城については、最近になって驚くべきことが明らかになっている。

今まで考えられていたよりも、はるかに巨大な城だったらしいのである。

信長の時代よりも少し下ることになるが、豊臣秀吉《とよとみひでよし》の「朝鮮の役」の後の和平交渉で朝鮮の通信使が来たとき、清須城に滞在し、その威容に驚き、本国に次のように報告書している。

「城は広大な平野に臨み、重厚な建物も多い。海水を引き入れた水堀があり、その水掘は深く広く、舟が通行している。城下の賑《にぎ》わい、人の多さは、関東の巨鎮である」

清須城は、信長の死後に何度か拡張改修されているが、信長の時代においても同時期の城の標準を凌駕《りょうが》するものだったのである。

清須城は、南北2・7キロ、東西1・4キロもの総溝を持つ、巨大な城郭《じょうかく》だった。

清須城には「内堀」「中堀」「外堀」の三つの堀があったが、信長の時代でも中堀まではつくられていたという。この中堀の幅は最大45メートルにも達していた。

そして信長の居城当時から、すでに一辺200メートルにも及ぶ巨大な館城《やかたじろ》があったことがわかった。これは、なんと東京ドームに匹敵するほどの面積なのである。

そして館城の南北には30〜50メートル四方の建物がいくつも建てられていた。つまり、かなり巨大な建物が群を成していたようなのである。

しかも、家臣団の屋敷地が幹線道路沿いに展開し、不完全ながら家臣団の集住化が進んでいた。城下町もかなり繁栄していたらしい。

とにもかくにも、信長当時の清須城は、これまでの想像をはるかに超える破格のスケールだったといえる。

この巨大な城館、建物群は、何のためにあったのか?

それは、「敵の攻撃から守るため」というのも、もちろんあるだろう。

「城下町を形成し、商工業を発展させるため」という意味もあっただろう。

しかし、それだけでは説明がつかない。

「多くの家臣たちを住まわせるため」に、この巨大な建物群があったはずである。

それはつまり、「兵農分離」の進行を示しているものなのだ。

信長は、桶狭間の戦いの前に、もうすでにかなり兵農分離政策を進めていたことになる。

信長の中央集権志向は、すでに尾張時代から始まっていたのだ。

城下に居住していた織田家の家臣たち

信長の「兵農分離」の進行の早さは、清須城だけではなく、次の居城である小牧山城からも伺い知ることができる。

信長は、桶狭間の戦いから3年後の永禄《えいろく》6年（1563）に、居城を清須城から小牧山城に移している。この移転のときのエピソードの中にも、兵農分離がかなり進んでいたことをにおわせるものがあるのだ。

そのエピソードとは、次のようなものだ。

城が移転するというニュースが流れたとき、織田家家中《かちゅう》では皆が口々に不満を言った。引っ越すのが大変だからである。

そこで信長は一計を案じ、最初は「二宮山に移転する」と発表した。信長は家臣を引き連れて、小牧山よりもさらに遠い二宮山に行き、城譜請《しろぶしん》の下見をおこなった。それを見て、家中からは不満が噴出した。

そののちに信長は「二宮山よりも近い小牧山に移転する」と発表した。すると、家中の不満は消えてしまったというのである。

これは『信長公記《しんちょうこうき》』に記されているものである。信長の人心掌握《しょうあく》の巧みさを述べているエピソードだが、ここからわかるのは、清須城から小牧山城へ移るとき、かなり大きな所帯での引っ越しだったということである。

清須城にも、かなりの人数が住んでいたわけである。

つまり、清須城のとき、すでに織田家ではかなりの常備兵がおり、城がベースキャンプ化していたのではないかということである。

小牧山城も、近年の研究で、かなり本格的な規模を持つ城だったことがわかってきている。信長の家臣たちの多くは、家族で、城下か、その近くに住んでいたのではないか。ということは、家臣たちは自分の所領の管理などはしていないことになる。

これは、江戸時代の「藩」と「藩士」の関係に似ている。

江戸時代には、藩士の多くは自分の所領の管理はせずに、藩が一括して年貢《ねんぐ》の徴収業務などをおこなっていた。それと同様のことを、すでに信長はやっていたのではないかということである。

中央集権の象徴だった信長の居城

信長は、生涯の中で４回も居城を変えている。

那古野城《なごやじょう》に始まり、清須城《きよすじょう》、小牧山城《こまきやまじょう》、岐阜城《ぎふじょう》、安土城《あづちじょう》である。

しかも、「本能寺の変」のときには大坂《おおざか》にも築城中であり、これが完成すれば、大坂の城を居城にした可能性もある。

じつは有力な戦国大名の中で、これほど居城を変えたのは信長だけである。

戦国大名にとって、居城は原則として一つだけである。

武田信玄《たけだしんげん》は躑躅ヶ崎館《つつじがさきやかた》、上杉謙信《うえすぎけんしん》は春日山城《かすがやまじょう》、毛利元就《もうりもとなり》は吉田郡山城《よしだこおりやまじょう》と、おおむね一つの城に居続けた。

信長の居城の移転

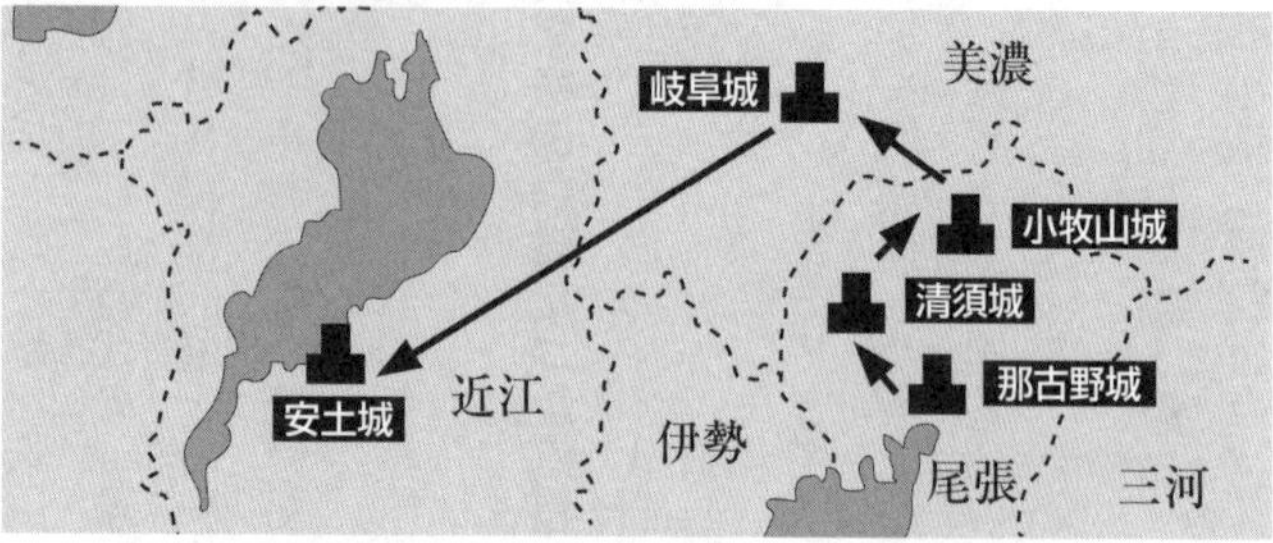

なぜ信長だけが、これほど居城を変えたのか？

よくいわれているのは、信長は全国制《せい》覇《は》を目指していたので、その都度、最も戦略的な価値が高い場所に移動していったということである。

確かにそれもあるだろう。

しかし、城を移すのは巨額な費用がかかることである。しかも、信長の場合、新しい城をつくるたびに、それまでの城の常識を覆すようなスケールの城をつくっているのだ。

信長のつくった豪勢な城は安土城だけではない。

岐阜城も、当時としては破格の4階建ての天守を持っており、庭園や茶室、舞台を備えた広場まであったという。

なぜ信長は、これほど城をつくり続けたのか？

その最大の理由は、信長の城はベースキャンプとしての役割があったからだ。

家臣たちを城下に住まわせ、いつでも戦争をできるようにしておく。つまり、言ってみれば、城がベースキャンプになるのだ。

そして兵農分離が進んで城に居住する家臣が増えれば、それだけ城も大きいものが必要となる。

またベースキャンプというのは、想定される戦場に行きやすい位置につくられるのが常である。だから信長は、領地を拡張するたびに居城を変え、しかも城を巨大化させてきたのである。

領地を拡張すれば、想定される戦場も変わってくる。つまり、ベースキャンプが、前進していくということである。

信長以外の戦国大名たち、たとえば、武田信玄、今川義元、毛利元就などが領地を拡張しても居城をほとんど変えなかったのは、彼らがそれほど常備兵を持っていなかったのではないかと思われる。つまり、兵農分離が進んでいなかったということだ。

なぜなら、常備軍ではない兵たちは、それぞれの地元から出陣することになる。城から一斉に出発するわけではないので、城がどこにあろうとあまり関係ない。だから、別に城の位置を前進する必要はないのである。

逆に言えば、信長以外の戦国大名たちは居城を前線に移動させることができなかったのである。家臣たちは、自分の所領の管理をしなくてはならないので、地元から離れることができない。城を前線に移動させれば、家臣たちが頻繁に馳《は》せ参じることができなくなるということである。

信長の織田家への中央集権化は、軍事的にも優位に働いた。

兵農分離が進めば、戦争を専門とする精鋭軍を常備することになる。この常備軍は、戦線に近いベースキャンプに常駐しているので、すぐに予定戦場に駆けつけることができる。しかも常備軍なので、農繁期であっても戦争をすることができる。

信長の天下統一事業が迅速に進んだのは、この中央集権化、兵農分離が大きな要因なのである。

「征夷大将軍」ではなく「太政大臣」を拝命した信長

信長が考えていた中央集権化は、まだまだこんなものではなかった。

「兵農分離」どころではなく、武家社会を終わらせ、最終的には朝廷が一元的に国家を統治するシステムに戻そうと画策していたのだ。

信長が、武家社会を終わらせ、「朝廷の世」を復興させようとしていたことは、信長の官職を見れば明らかである。

信長は死んでも「征夷大将軍」にはならなかった。

これは、戦国史の大きな謎《なぞ》といわれている。

が、信長の国家観や土地政策を見ていけば、これは謎でも何でもないのだ。

朝廷の官職としての征夷大将軍は、「蝦夷《えみし》を征伐する軍の指揮官」という程度のものである。政治を司る官職ではない。前述したように、鎌倉・室町時代の「幕府」は、臨時軍司令部がそのまま政権を担ってしまったという構図になっている。

信長は、このなし崩し的な武家政権を引き継ぐつもりはなかったのである。

朝廷から正式に、政治を司る官職を得ようとしていたのだ。

実際、信長は朝廷から「太政大臣《だいじょうだいじん》」という首相クラスの官職を得ていたようである。信長が生前にどこまでの官位をもらったのかについて明確なことは判明していない。しかし状況証拠から見れば、太政大臣になっていた可能性は高いのだ。

天下統一を目前にして、朝廷から征夷大将軍への就任を打診されていたこともあった。しかし、信長は受けなかった。

信長と朝廷との間で「太政大臣」「関白《かんぱく》」「征夷大将軍」の三職のうち、どれかに就任する話がもたれていたことはわかっているが、直後に「本能寺の変」が起こったので、その経緯が明確ではないのだ。

しかし信長の死後、朝廷から「太政大臣」の贈官がおこなわれたときの文書に「重而太政大臣」という文言がある。これは「重ねて太政大臣を与える」という意味であり、生前に信長に太政大臣の官位が与えられていたことを意味する。

つまり、信長は生前すでに太政大臣となっていたわけだ。

また「本能寺の変」の直後、秀吉が毛利氏に送った書状の中で、主君たる信長のことを、太政大臣を意味する「大相国《たいしょうこく》」と表現している。

これらの記録から見れば、信長が生前に太政大臣になっていたことはほぼ間違いないであろう。

ところが信長が太政大臣になっていたことについて、異論をはさむ歴史学者も多い。

そういう歴史学者たちは、「信長は武家なので、武家の棟梁《とうりょう》である征夷大将軍を望んだはず」と思い込んでいるのだろう。

だから「信長は征夷大将軍になろうとしていた」というのである。しかも、この主張は歴史学界の中でかなり幅を利かせているらしい。信長が征夷大将軍になろうとしていたという証拠はまったくないにもかかわらず、である。

信長の経済政策や国家観をつぶさに見ていけば、信長が武家社会を壊す方向に向いていたことは明らかであり、征夷大将軍ではなく、太政大臣になろうとしていたことは何ら不自然ではないのだ。

信長が、自ら朝廷の政治職につき、「朝廷の世」を復興させようとしていたことは、信長の死後の秀吉の行動を見ても明らかである。

秀吉は、信長の施策を引き継いでブラッシュアップさせた。「大坂城《おおさかじょう》の築城」「太閤《たいこう》検地《けんち》」「刀狩《かたながり》」「朝鮮征伐」など、秀吉のおこなった主要政策のほとんどは信長がすでに着手していたこと、あるいは構想を練っていたものなのだ。信長の中央集権志向をエスカレートさせたものだといえる。

そして秀吉は「関白」「太閤」となった。信長の太政大臣よりもさらに上の官職に就いたわけである。

秀吉がなぜ、征夷大将軍にならなかったかといえば、彼も朝廷を中心とした国家をつくろうとしたからである。

秀吉が、征夷大将軍にならずに関白になったことは、明確に記録が残っており、歴史学上の論争の余地はない。しかし、「なぜ、秀吉が関白になったのか」ということについては、論争があるようだ。

「本当は秀吉も征夷大将軍になりたがっていたが、家柄の関係で征夷大将軍になれなかった。そこで仕方なく関白になった」という学説があり、しかも学界の中でけっこう幅を利かせているそうである。

歴史学界では「武家は皆、征夷大将軍になりたかったはず」という先入観があるらしく、事実関係のうえでは明らかに無理がある学説が、未だに学会で重きをなしているのだ。

だが、この学説には大きな欠陥がある。「征夷大将軍」と「関白」の官職を比べれば、関白のほうがはるかに格上なのだ。

何度も触れたが、征夷大将軍とは本来、「臨時軍の指揮官」という程度の官職に過ぎない。一方、関白は「成人の天皇に代わって政治をおこなう」という、公家《くげ》の中でも最高位に近い官職である。

関白になった秀吉が「家柄の問題で征夷大将軍になれなかった」というのは、常識的に見てまったくおかしい。

信長や秀吉の国家観を分析すれば、彼らが征夷大将軍にならなかったということは容易に説明がつくはずなのだ。

朝廷復古のために支援し続けた信長

信長の最も革新的な部分は「武家社会の終結」「朝廷復古」だと思われる。

これまで信長の革新性として取りざたされてきた「楽市楽座」「鉄砲の大量導入」などは、他の戦国大名もおこなっている。

しかし、武家社会をぶち壊し、朝廷の世に戻そうと画策した者は皆無なのである。

それにしても信長はなぜ、朝廷復古志向になったのか?

その理由は諸々考えられる。

武家社会の不安定さの要因を探っていくと、「封建体制の崩壊」「朝廷による中央集権体制への回帰」に行き着くはずだ。

「社会問題の原因を探り出し、驚異的な実行力で解決を図る」

信長にはそういう性質がある。

比叡山延暦寺《ひえいざんえんりゃくじ》を焼き討ちにし、検地をして土地の二重支配や中間搾取を排除したのも、その性質によるものである。

その信長が、戦国時代の治安の悪さ、社会の不安定さを本気で解決しようとしたとき、武家政権そのものを破壊しようという発想に行き着くことは不自然なことではないだろう。

また信長は、その生育環境からも、朝廷や天皇というものに親しむ要素があった。

信長は、勝幡城《しょばたじょう》で生まれたという説もある。

勝幡城は、当時の尾張の物流拠点だった「津島《つしま》」という港のすぐそばにあった。津島は尾張と伊勢《いせ》を結ぶ地点にあり、伊勢神宮の賑わいを非常によく知っていたのである。だから織田家は代々、伊勢神宮や朝廷に対する尊敬の念を持っていた。

たとえば信長の父の信秀《のぶひで》は、伊勢神宮の外宮《げくう》移築の資金700貫《かん》を提供したり、朝廷へ禁裏修理料として4000貫を寄付したりしている。

4000貫というのは、米にすれば1万6000石《こく》にあたり、4万石の大名の一年分の年貢収入に相当する。

信長は、上洛《じょうらく》して中央の政局に影響力を持つようになると、すぐに朝廷復古に尽力している。

戦国時代、朝廷は非常に困窮していた。

たとえば明応《めいおう》9年（１５００）に後土御門《ごつちみかど》天皇が崩御したとき、葬儀の費用が捻出できず、御所に遺骸が43日間も放置されたという。また、その次の後柏原《ごかしわばら》天皇は、即位礼の費用がなかったため、22年間も引き延ばしにされた。しかも後柏原天皇が崩御したときも1カ月間、葬儀がおこなわれなかったという。

永禄11年（１５６８）、正親町《おおぎまち》天皇の時代に信長が上洛したときも、朝廷の窮状は変わっていなかった。零落《れいらく》した朝廷を立て直すために、信長はまず皇居を修理し、当面の費用を賄《まかな》うために多額の黄金を寄贈した。

しかしそれだけでは今後、朝廷が成り立っていくには不足のため、信長はある策を施した。

元亀《げんき》2年（１５７１）1月、近畿の織田勢力圏の農地に対し、一反《たん》あたり米一升《しょう》を供出させ、それを京都の町人に年利3割で貸し付け、その利息で朝廷の今後の経費を賄おうとしたのである。

当時、寺社や神社が、寄贈された米や金銀を元手に貸金業をおこなうということはよくあった。それと同じことを朝廷にもしてもらおうというわけだ。

のちに信長は、正親町天皇との関係がぎくしゃくしたこともある。が、基本的に信長は朝廷を重んじ、朝廷を復興させようとしていたことは間違いない。

「平清盛の末裔」を自称した信長の真意

ところで、信長は「平清盛《たいらのきよもり》の末裔《まつえい》」と名乗っていたことがある。

信長は、清盛の嫡男《ちゃくなん》である資盛《すけもり》の落とし子の末裔だと称していた。つまり、清盛の子孫だというのである。信長は詳細な家系図まで用いて、これを正当化していた。

戦国時代の武将たちは、自分の家柄を大きく見せるため、有名な貴族を持ち出して「自分はその末裔」と称することが多かった。無理やり家系図を偽造することも珍しくなく、信長が平清盛の子孫だと称したのも、その流れと見られている。

実際、清盛から信長に続く家系図には矛盾点が見つかっており、「信長の平家《へいけ》末裔説」は嘘《うそ》だと考えられている。

それにしても、「平清盛」という人物のチョイスには、疑問を持つ方も多いはずだ。

「平家にあらずんば人にあらず」「驕《おご》る平家は久しからず」などという言葉に示されるように、清盛は身内を優遇した悪政家として知られている。その清盛を信長が親近感を抱いていたというのは、ほとんどの人がにわかには信じ難いはずだ。

「武家政権は、源氏《げんじ》と平氏《へいし》が交互に政権を担っており、順番的に次は平氏の番であることから信長は平氏を名乗った」という強引なこじつけ説さえある。

しかしながら「源氏と平氏が交互に政権を担っている」というのは、見方によればそう言えなくもない。という程度のものである。そもそも、平安時代の貴族というのは、系譜が複雑に交錯しており、「源氏」と「平氏」双方の子孫に該当する者も多々いるのだ。

合理的で頭脳明晰《めいせき》な信長が、そんな理由で、自分は平氏だと名乗るはずはない。

ではなぜ、信長は清盛の末裔だと名乗ったのか？

その謎は「信長の国家観」を見れば簡単に解ける。

信長と清盛の国家観や政治姿勢は、じつは非常によく似ているのだ。

清盛の実像や信長の国家観を冷静に分析すれば、ごく自然な形で両者は結びつく。

後世において、清盛は稀代《きだい》の悪政家として名が残っている。

しかし清盛の悪いイメージは、鎌倉時代から江戸時代における武家政権下で書かれた書物によって培《つちか》われたものだ。かの『平家物語』も、鎌倉時代に書かれたものと見られている。

現政権が前政権を悪く言うのは世の常だ。世の常で言うならば、清盛が鎌倉時代以降続く武家の時代に、よく言われるはずはない。

清盛と源《みなもとの》頼朝《よりとも》が繰り広げた源平合戦《げんぺいかっせん》は、単なる「武家同士が雌雄を決した戦い」ではない。「国家体制の維持」が懸かった戦いだったのである。

じつは平氏と源氏とでは、国家観において大きな違いがあったのだ。

平氏が率いていた軍と、源氏が率いていた軍は、その本質がまったく違う。

平氏軍は、旧来の朝廷中心の国家体制の中にある軍隊だった。

一方、源氏軍は、東国を中心に新たに勃興《ぼっこう》してきた武家を束ねてつくられた兵士団だったのである。

ざっくり言えば、平清盛は、それまでの朝廷中心の国家体制を維持しようとしており、頼朝は、朝廷中心の国家体制を壊して、武家が群雄割拠《ぐんゆうかっきょ》する国にしようとしていたのだ。

武士の世の始まりになった「保元の乱」「平治の乱」

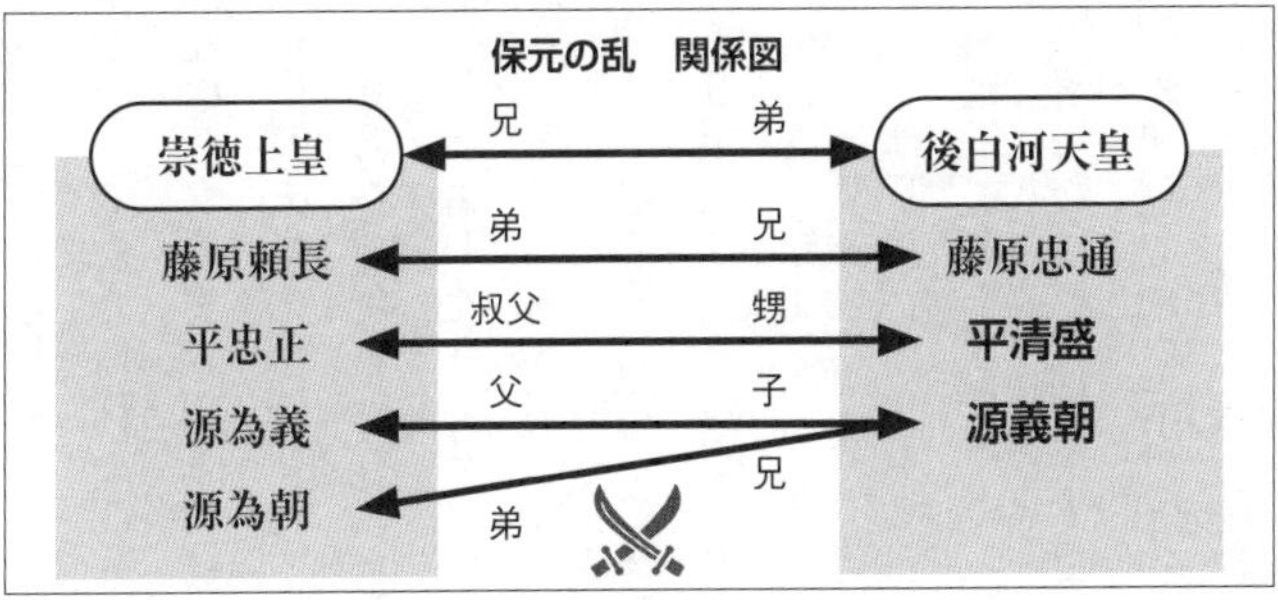

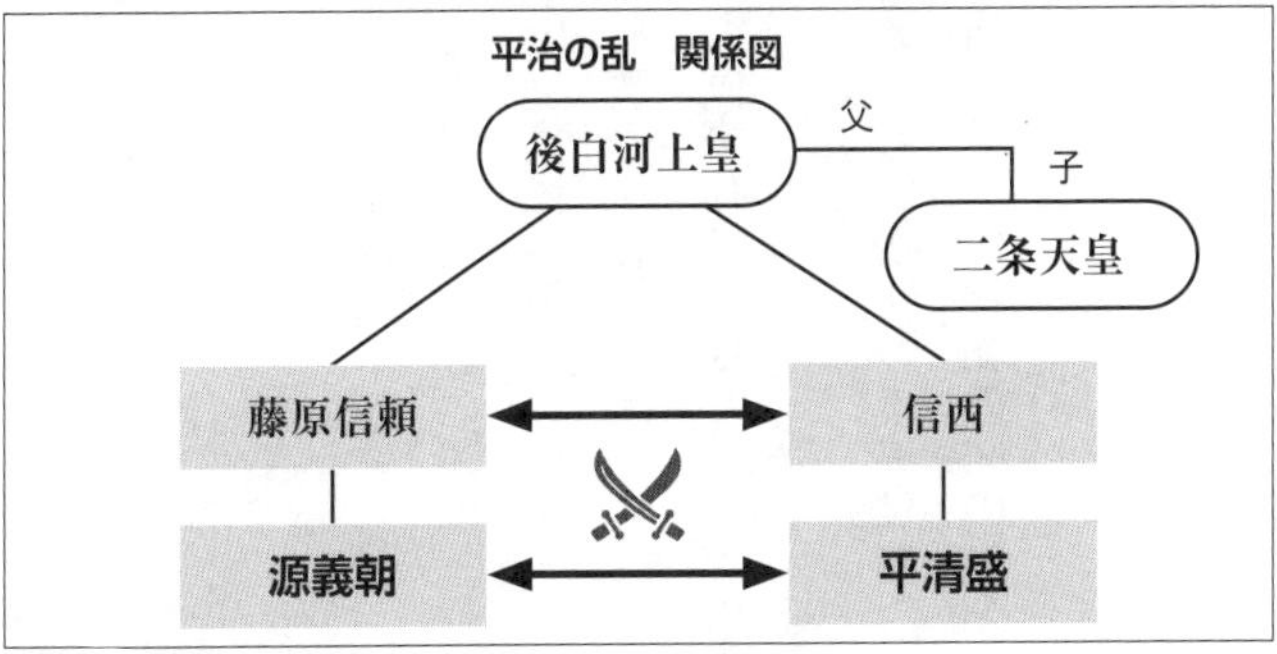

1141年：崇徳天皇譲位、近衛天皇即位（ともに鳥羽院の皇子）
1155年：近衛天皇崩御、後白河天皇（鳥羽院の皇子）即位
1156年：鳥羽院崩御、**保元の乱**（崇徳上皇配流）
1158年：後白河天皇譲位、二条天皇（後白河天皇の皇子）即位
1159年：**平治の乱**（平氏政権成立）
1165年：二条天皇譲位、六条天皇（二条天皇の皇子）即位
1167年：平清盛が太政大臣に就任
1168年：六条天皇譲位、高倉天皇（後白河上皇の皇子）即位
1180〜1185年 治承・寿永の乱（**源平合戦**）
1180年：高倉天皇譲位、安徳天皇（高倉天皇の皇子。母は平徳子）即位
1183年：後鳥羽天皇即位（高倉天皇の皇子）
1185年：**壇ノ浦の戦い**（平氏滅亡・安徳天皇崩御）

それまでの日本社会は、天皇を中心とした朝廷が政治を司るという体制だった。摂関政治などで歪《ゆが》められたこともあったが、朝廷は常に国家の中心にあったのだ。

清盛は、あくまで旧来の社会体制の中で、自分の権勢を伸ばし、国家を牛耳《ぎゅうじ》ってきた。後白河天皇の信任を得て太政大臣にまで上り詰め、娘を天皇に嫁《とつ》がせることで、さらに権力を強化してもいる。のちに後白河上皇と対立して幽閉するなど、傍若《ぼうじゃく》無人《ぶじん》な振舞いもしたが、それはあくまで朝廷中心の国家体制の中でのことだ。

自分が朝廷のトップになり、中央集権体制を利用することで政治の実権を握ったのだ。朝廷を中心とした国の体制を壊そうなどとは、まったく考えていなかった。

対する頼朝は、その朝廷中心の国家体制を壊し、武家による新しい国づくりを画策していたのである。

平氏と源氏は、もともとは両者ともに朝廷の軍事貴族だった。

平治《へいじ》元年（1159）の「平治の乱」で頼朝の父の義朝《よしとも》が、清盛に敗れたために源氏は没落した。頼朝は年少だったため命だけは助けられたが、伊豆《いず》に流されてしまう。

頼朝の伊豆での生活は20年にも及んだが、治承《じしょう》4年（1180）、朝廷内の反平氏勢力と手を組み、ついに清盛打倒の旗を揚げる。

しかし、没落した源氏は、そう多くの兵を集めることはできない。そこで当時、勃興していた東国の武家たちを説得して、源氏の軍に加わらせたのだ。

平安時代末期には武家たちがかなりの勢力を持つようになっていた。この武家たちに対し、「自分に味方をすれば土地の所有を認める」と呼びかけたのが、頼朝なのである。

ご存じのように、両者の戦いは最終的に源氏が勝利する。

その結果、これまでの朝廷による中央集権体制は崩壊し、武家がそれぞれの領地を統治する封建体制の世の中になったのだ。

信長は、この平清盛が守ろうとして守れなかった、朝廷中心の国家体制に戻そうとしていたのである。

「国替え」によって武家と土地のつながりを絶とうとした信長

武家政権においては、家臣に褒美として与えた所領は原則として家臣の所有となる。

が、信長は、他の戦国大名とは明らかに考え方が違っていた。家臣に所領を与えたのではなく、自分の土地の管理を任せたに過ぎなかったのだ。

だから、家臣に与えた所領を取り上げたり、移し替えたりも、普通におこなう。いったん家臣に与えた所領を没収し、他の土地を与えることを「国替え」という。信長は、この国替えを頻繁におこなった。

戦国時代、家臣に対して本格的な国替えをおこなった大名は、信長しかいない。土地に問題などが生じてちょっとした国替えをおこなう大名はいたが、当たり前のように国替えをおこなったのは信長だけである。

つまり、戦国時代の国替えは、信長独自の政策といえるのだ。

信長は、古代の朝廷のように「中央政府が全国の土地を一括支配する」というプランを描いていた。

それは、古代朝廷の「国司」や、明治時代以降の「知事」に似たものであり、武家政権下での「管領《かんれい》」や「守護」とは異なるものだった。

中央政府から任命された役人のように、一時的に土地を管理しているに過ぎなかったからである。

織田家では、国替えはごく普通のことだった。柴田《しばた》勝家《かついえ》、羽柴《はしば》秀吉《ひでよし》、滝川《たきがわ》一益《かずます》、佐々《さっさ》成政《なりまさ》など、織田家の主な家臣たちは皆、国替えを経験している。

前述したように、比叡山延暦寺焼き討ち後、近江地域の治安を安定させるため、明智光秀をはじめ、柴田勝家や羽柴秀吉など重臣たちは、重点的にこの地域に所領を与えられた。

近江地域は、当時の日本経済の中心地でありながら、延暦寺の影響が強く、統治の困難が予想されていた。そのため、有能な家臣をここに配置したのである。そして近江地域の統治が安定し、一段落つけば、すぐに家臣たちを別のもっと難儀《なんぎ》な地域に配置させた。

元幕臣から信長の家臣となった細川藤孝《ほそかわふじたか》（のちに細川幽斎《ゆうさい》）も、山城国《やましろのくに》の西岡を所領とし、勝龍寺城《しょうりゅうじじょう》を居城としていたが、天正《てんしょう》8年（1580）に丹後《たんご》の南半国を与えられ、西岡の所領は返納している。

しかし多くの家臣たちにとって国替えは、非常な困難を伴うものだった。

主君から所領を与えられた武将は、自分に反抗する国人衆や地侍《じざむらい》たちは弾圧し、自分に臣従してくる者は家臣として取り立て、一定の土地を安堵《あんど》させる。が、野放しにするわけではなく、軍役《ぐんえき》などの一定の課税はおこなわなければならない。もちろん、国人衆や地侍たちは激しく抵抗する。

それらの問題を平らげ、ようやく安定的な統治ができるようになったと思えば、他の土地に転封《てんぽう》の命令が下る。

転封する際には、自分の家臣も連れていくが、全部は連れていけない。転封先の土地も、まっさらな状態でもらえるわけではなく、国人衆や地侍たちがしっかり根を張っているからである。彼らも、ある程度は家臣として取り立てなくてはならない。だから、元からの家臣の一部は切り捨てて置いていくことになるのだ。

つまり、せっかくつくった土地の民との信頼関係を壊し、また新たな土地で民との信頼関係をつくらなければならないのである。

織田家の者たちは、常にそういう任務を与えられているのだ。

この信長の土地に対する考え方は、当時の武家の価値観をぶち壊すものだった。

また信長は、頻繁に国替えをおこなうだけではなく、所領の統治についても事細かく指示している。

たとえば天正3年（1575）9月に柴田勝家に越前《えちぜん》一国を与えたときには、8か条による掟《おきて》を発令している。この掟では、「不法な税を課してはならない」など、事細かく統治の指示をしたうえで、「何か変事があったときには信長に相談しろ」「何事も信長の言うとおりにしろ」と厳命している。

これと同様の掟は、天正10年（１５８２）３月に武田氏の旧領を河尻秀隆《かわじりひでたか》や森長可《もりながよし》らに与えられたときにも発せられている。第３章で紹介したように、この命令は信長の死の直前に出されたもので、信長の政治思想の集大成といえる。

おそらく、信長は家臣に所領を与えるとき、似たような命令を出していたと思われる。この命令は絶対的なものである。

家臣は、信長の命令どおりに所領の統治をしなければならない。

家臣たちに、所領における独立性はないに等しい。

もちろん、細かい行政面などは、自分の判断でおこなっただろうが、大枠は信長に決められており、何かあれば信長の指示が来て、それに従わなければならない。

つまり、信長のもとで大きな所領を与えられても、それは旧来の武家の価値観での所領ではないのである。

このように、信長の朝廷復古志向は、家臣たちの生き方に大きな制約をもたらすものでもあった。

信長の国家観を象徴する出来事がある。

前述したように、天正8年（1580）、佐久間信盛《さくまのぶもり》とその嫡男の信栄《のぶひで》が織田家から追放された。

この佐久間親子の追放は、単に「気に食わない家臣をクビにした」というだけのものではなかった。戦国時代の秩序を根底から壊すような重大な要素があったのである。

というのも佐久間信盛は、元から織田家家臣だったわけではない。

そもそもは尾張の土着の豪族だったのだ。その土豪が、尾張で強い勢力を持っていた信長に付き従ったまでだ。つまりは、信長の臣下ではなく、独立した武将として信長勢に加担しているに過ぎなかったのである。

にもかかわらず信長は、自分の家臣をクビにするのと同様に、佐久間親子を追放したのである。

もちろん、佐久間家の領地は信長が取り上げた。

同年、重臣の林秀貞《はやしひでさだ》、西美濃《にしみの》三人衆の一人である安藤守就《あんどうもりなり》、尾張の土豪から信長に仕えた丹羽氏勝《にわうじかつ》なども追放されているが、このときも、彼らの領地は信長が取り上げたと見られている。

林秀貞や西美濃三人衆も、信長の家臣になる以前からの土豪であり、先祖伝来の土地があったはずだ。にもかかわらず信長は、彼らの土地をすべて取り上げているのだ。

これは、封建体制を真っ向から否定する行為だった。

信長は、武家と土地のつながりを絶とうとしたのである。

「武家＝土地の所有者」という関係を壊し、「武家＝単に土地の管理を任せられた管理者に過ぎない」という形にしようとしたのである。管理者として不適格であれば、いつでもクビにするということである。

それは、土地を得るため、そしてその土地を守るために命を懸けてきた武家の価値観をぶち壊すものだった。

「本能寺の変」の前触れだった荒木村重の叛乱

信長の天下取り戦争の中で、重臣が謀叛《むほん》を起こしたケースが3件ある。

荒木村重《あらきむらしげ》、松永久秀《まつながひさひで》、そして明智光秀である。

信長が家督を継いだばかりの混乱期には、柴田勝家なども信長に謀叛を起こしたことがある。が、信長が永禄《えいろく》3年（1560）に桶狭間で今川義元を討ち取り、天下統一事業に向かうようになってからは、柴田勝家ら生え抜きの重臣たちが謀叛を起こしたことはない。

謀叛を起こしたのは、いずれも「中途入社組」なのである。

これは、じつは大きな意味を持っていると思われる。

尾張時代からの信長の重臣たちは、信長の国家観を理解していた。

「織田家の所領システムは、旧来の武家社会の所領システムではない」

「信長は、朝廷による中央集権体制のようなものを目指している」

それは、柴田勝家や秀吉などには了解事項だったのだ。

彼ら尾張時代からの重臣たちは、信長の強さ、怖さ、賢さを十二分に知っており、信長がつくった新しい所領システムについても納得していたのだろう。

そして、信長の中央集権志向が新しい社会をもたらすことを、肌身をもって知っていた。信長が兵農分離政策を導入したことにより軍事力が高まり、天下平定に乗り出すことができたからだ。

だから勝家や秀吉ら重臣たちは、信長の国家観を受け入れていたものと思われる。

「大抜擢《だいばってき》され、大きな所領を任されることもあるが、へまをすれば、所領をいつでも取り上げられる」「土地を与えられたのではなく、土地の管理を任されているに過ぎない」と。

しかし、信長が天下統一事業に乗り出してから織田家に入ってきた中途入社組にとって、この織田家の所領システムはなかなか受け入れ難かったはずだ。

謀叛を起こした三人の重臣たち、松永久秀、荒木村重、明智光秀には、驚くほど共通項がある。

・他家の家臣でありながら、信長の引き立てによって織田家に入ったこと。
・中途入社にもかかわらず、信長に大抜擢されたこと。
・突然、謀叛を起こしたが、その理由が解明されていないこと。

この共通項を見ると、「三人は織田家の所領システムに合っていなかったのではないか」ということが読み取れる。

勝家や秀吉ら昔からの信長の家臣たちは、信長の性格や、織田家の所領システムを理解しているために、それほど苦にはならなかった。

しかし「中途入社」の者たちには、他家での家臣経験があるだけに、どうしても織田家の所領システムには違和感を感じてしまう。

織田家の家臣でいるということは、中央政府の「官僚」になることと同様だった。

いわば、信長を長とする国家システムの中の歯車に過ぎないということである。

国家を安定的に運営するには、群雄割拠の武家政権よりも、中央集権による官僚システムのほうが優れている。

しかし当時の武家にとって「官僚」になることは、大きな負担だったはずだ。

武家というのは、その所領が小さくとも「一国一城の主《あるじ》」でいることができた。主君といっても絶対服従ではないし、自分の所領の中では自分の自由にできた。

が、織田家ではそうはいかない。

自分の所領であっても織田家の方針に従わなくてはならない。常に信長の決めたとおりに動かなくてはならないのだ。しかも、へまをすれば、どこに飛ばされるかもわからない。

それが我慢できず、謀叛に発展してしまったのではないかということである。

というより、信長の生え抜きの重臣たち以外は、織田家の所領システムを受け入れることはできなかったはずだ。

信長以前の武家社会では、所領を与えられれば、それは「自分のもの」であり、自分が自由に治めることができる。

そして、一度与えられた所領は、そう簡単に取り上げられたりはしない。取り上げられるときには、命を懸けて反抗する。それは、武家として当然の価値観だった。

「本能寺の変」のずいぶん後の話になるが、秀吉は、九州を平定したとき、秀吉軍に与《くみ》した宇都宮鎮房《うつのみやしげふさ》に対して、豊前《ぶぜん》の城井谷《きいだに》3万5000石から伊予《いよ》の今治《いまばり》12万石に転封の命令を下した。

3倍以上の加増なので大栄転である。

しかし鎮房は、鎌倉時代からの先祖伝来の地にこだわり、この転封を拒絶した。もちろん秀吉は、鎮房を許さなかった。城に籠《こ》もった鎮房に対し、秀吉は討伐軍を派遣した。

が、城が堅牢だったため、討伐軍の責任者だった黒田孝高はいったん、講和を持ち出して開城させた。その後、鎮房は黒田に謀殺され、宇都宮家は断絶している。

それにしても、わずか3万5000石の宇都宮鎮房が天下人《てんかびと》の秀吉に反抗しても、敗北するのは目に見えている。にもかかわらず、転封を断ったのである。当時の武家にとって、自分の所領というのはそれほど大事なものだったのだ。

それが、これまでの武家というものだった。

だから織田家の中途入社の家臣たちは、織田家の新しい所領システムになかなかなじめなかったはずである。

第６章　経済視点から見た「本能寺の変」

葛藤の極致にあった光秀

「本能寺の変」の前というのは、信長と光秀の間に齟齬《そご》をきたす出来事が立て続けに起こっていた。信長の「織田家所領集中政策」による波が大きく光秀にかぶさってきた時期なのである。

その波とは、「秀吉の出世問題」「四国征伐問題」「国替え問題」などである。

まずは、秀吉の出世問題である。

秀吉の織田家での出世は、時を経るごとにますます顕著になっていき、光秀は完全に秀吉に抜かれた状態になっていた。

『信長公記《しんちょうこうき》』によると、信長は天正《てんしょう》10年（1582）2月9日、旧武田領の平定に向かう前に、織田軍全軍に対して指令をしている。この指令では、秀吉には「中国地方全域の経営」を命じ、光秀には「出陣の準備」を命じているのだ。

「本能寺の変」のわずか4か月前である。

光秀はこの指令により、秀吉の大出世と自身の凋落《ちょうらく》を感じざるを得なかったはずだ。

天正5年（1577）に中国方面軍指揮官に大抜擢《だいばってき》された秀吉は、この大チャンスをものにし、中国平定を着々と進めていた。強大だった毛利《もうり》家をあと少しで屈服させるというところまで来たのである。

だから信長は、秀吉に中国地方全域の「経営」を任せたのである。

しかも秀吉は、前述したように信長の四男（羽柴秀勝《はしばひでかつ》）を後継養子にしている。このため、信長は安心して秀吉に織田家の大版図《だいはんと》（領土）を預けることができる。今後の中国平定は秀吉が中心になって進むことは疑いようもなく、新領地の分配も秀吉が多くを取ることは間違いない。

中国地方全域の経営を任された秀吉に対する一方、光秀は「出陣の準備」の命令が下っただけである。その出陣も、秀吉の中国平定戦を支援するだけのものだ。必然的に光秀は、秀吉の指揮下に入らなければならない。

丹波《たんば》攻略で軍指揮官を任されたときとは大違いである。戦功も大して挙げることはできないだろうし、その後の論功行賞もほとんど得るものはないはずだ。

光秀としては、当然、面白くなかったに違いない。

しかも当時の光秀には、ほかにも気にかかる問題が山積していた。

お市の方と柴田勝家の関係

話は先走るが、信長が「本能寺の変」で斃《たお》れたのちにおこなわれた清須《きよす》会議で、お市の方が柴田《しばた》勝家《かついえ》の正室となることが決まった。

お市の方というのは、信長の13歳離れた妹（従妹《いとこ》の説もあり）で、戦国時代一の美女ともいわれている。近江《おうみ》の大名、浅井《あざい》長政《ながまさ》と結婚し、3女をもうけていた。当時、信長と長政はこの婚姻を機に同盟を結んだが、長政の同盟者だった朝倉義景《あさくらよしかげ》と信長が対立したため、長政と信長との関係も悪化した。

その後、織田軍と朝倉軍との戦争時、長政が朝倉方についたため、両者の関係は完全に断絶。天正元年（1573）、浅井家は信長に滅ぼされ、お市の方は3人の娘とともに、織田軍に救い出された。

このお市の方を、柴田勝家は信長の死の直後に娶《めと》ったわけである。あまり語られることはないが、勝家とお市との結婚には大きな不審点がある。なぜ、信長の死の直後、この婚姻は決定したのか？

普通に考えて、主君が死亡した直後にその家臣が主君の妹と結婚することなどあり得ない。信長とその嫡男《ちゃくなん》の信忠《のぶただ》までが死んでしまったので、織田家は大混乱の最中である。その大混乱のさなかに、こんな大きな結婚話が進むだろうか。

しかも、お市の方は信長のお気に入りの妹で、お市の方の娘たち（つまり信長の姪《めい》）も含めて、信長は溺愛《できあい》していたとされている。信長の忘れ形見のような大事な妹の結婚が、そう簡単に家臣たちの話し合いだけで決められるものだろうか。

お市の方は当時、信長の弟の信包《のぶかね》が面倒を見ており、行き場に困るようなことはなかった。

では、なぜこの婚姻が成立したのかというと、「この婚姻は、信長の生前すでに決まっていた」と考えられる。

信長のもとで婚姻が進められていたからこそ、信長の死後すぐに結婚が成立したのではないか。つまり、「柴田勝家とお市の方の結婚は信長の遺志だったのではないか」、そう考えるほうが自然だといえる。

また、お市の方が柴田勝家に嫁《とつ》いで1年もしないうちに、勝家は賤ケ岳《しずがたけ》の戦いで秀吉に大敗した。このとき、お市の方は勝家とともに居城の北ノ庄城《きたのしょうじょう》で自害している。お市の方は秀吉方に幼い３人の娘たちの保護を依頼したが、自らは夫とともに死ぬことを選んだのだ。

ここにも大きな疑問が生じる。幼い娘が3人もいる母親が、一年にも満たない婚姻相手に殉じて死ぬだろうか。一年足らずの結婚生活でそれほどの情愛が生じたというのは、不可思議なことだといえる。

このことからも、お市の方と勝家はすでに結婚同然の間柄だったのではないかと推測される。

佐久間信盛《さくまのぶもり》が追放されて以降、柴田勝家は織田家の筆頭家老となっていた。そして、信長から越前《えちぜん》一国を与えられるなど、優遇されてもいた。

勝家がお市の方を娶るとなると、織田家一門に近い扱いになるだろう。つまり、勝家も秀吉も織田家一門同然になるということである。

今後は必然的に、この二人が織田家の重要な役割を任されることになるだろう。光秀の立場は、さらに悪くなるはずだった。

しかも『明智軍記《あけちぐんき》』には、お市の方と勝家の婚姻は天正5年（1577）と記されている。「本能寺の変」の5年前である。つまり、『明智軍記』では明確に信長の生前に勝家とお市の方が結婚したというのだ。

これが事実かどうかは今のところ判断できる材料に乏しい。が、お市の方と柴田勝家の婚姻が、まったく突然に起こったことではなく、信長の許諾を得たものである可能性は非常に高いといえる。

光秀の妹「妻木」の死去

この頃、光秀には近親者に関する痛恨事が生じていた。

信長の近習《きんじゅう》女房衆で、光秀の妹とされる「妻木《つまき》」が死去したのだ。

この「妻木」という女性は、謎《なぞ》に包まれている。

『言継卿記《ことつぐきょうき》』『兼見卿記《かねみきょうき》』『多聞院日記《たもんいんにっき》』など、史料的価値が高いとされる一次資料に何度か登場し、実在する人物だということは間違いない。が、断片的な記事しか残っていないために、その生い立ちやどういう立場だったのかなどが非常に不明確なのだ。『兼見卿記』『多聞院日記』には「光秀の妹」と記されている。

また、『言継卿記』には「信長の近習女房衆」と記されており、『多聞院日記』にも信長の寵愛《ちょうあい》を受けていたような記述があることから、信長の側室だったのではないかと考えられる。

いずれにしろ、光秀の近親の女性が織田家の中にいたのである。

その「妻木」が、天正9年（1581）8月頃に死去したと『多聞院日記』に記されている。光秀は非常に落胆していたという。

天正9年（1581）というと「本能寺の変」の1年前のことである。

「妻木」という女性は、光秀にとって精神的にも政略的にも重要な女性だったはずだ。自分の妹（もしくはそれに近い関係の女性）が信長の女房衆の中にいたということは、織田家との関係性として非常に心強いものだったのは間違いない。その「妻木」が死去してしまえば、自分と織田家との関係性が薄くなってしまう。

つまり、織田家と柴田勝家や秀吉の関係性が強くなっていくなかで、光秀と織田家の関係は弱くなったわけだ。光秀が疎外感や焦燥感を持っても不思議ではない。

前述したように信長は、天下平定が見えてきてからなるべく織田家一門に所領を集中させるようになった。そして親族を重要な任務に就かせることが多くなった。

光秀はこの先、どう考えても、織田家の中で柴田勝家や秀吉の後塵《こうじん》を拝することになるだろう。

光秀が「このまま織田家の中でどれだけ頑張っても仕方がない」という気持ちに

なっても無理のないところである。

信長の正室「濃姫」と「妻木」は同一人物⁉

ところで、信長の正室といわれているのは、濃姫《のうひめ》である。

濃姫は、斎藤道三《さいとうどうさん》の娘とされている。そして母は「小見《おみ》の方」といい、明智光継《あけちみつつぐ》の娘である。明智光継は、美濃の土豪、明智家の当主である。江戸時代に編纂《へんさん》された『大日本史』などによると、明智光秀の祖父にあたるとされている。

つまり、濃姫の母親は光秀の叔母にあたり、濃姫は光秀の従妹ということになる。

光秀の出自については諸説あり、『大日本史』の系図も今のところ学術的に正しいかどうかの結論は出ていない。しかし『大日本史』は、すでに我々が知り得ないような記録や伝承を基につくられている可能性もあり、水戸《みと》藩が総力を上げ、長時間をかけて編纂したものなので一応の信憑性《しんぴょうせい》はある。

前項で述べたように、信長の室（女房衆）にはもう一人、光秀の近親者がいたようである。

光秀の妹とされる「妻木」という女性である。

この「妻木」という女性は、前述したように、『言継卿記』『多聞院日記』『兼見卿記』など、史料的価値が高い一次資料に記載されている。

光秀の近親者が信長の室に二人もいるというのはかなりの偶然だといえる。

筆者は、この二人はもしかしたら同一人物ではないかと考えている。

じつは、濃姫と妻木には非常に濃い共通点がある。

・信長の室と見られること
・光秀の近親者だったこと
・美濃出身であること
・ほぼ同世代であること
・子供がいないと見られること
・織田家の中で重要な人物だったと見られること
・生涯について記録が非常に少ないこと

濃姫と妻木は共通項が多いうえに、両者が同時に登場する記録はまったくないのだ。

明智光秀と濃姫の関係

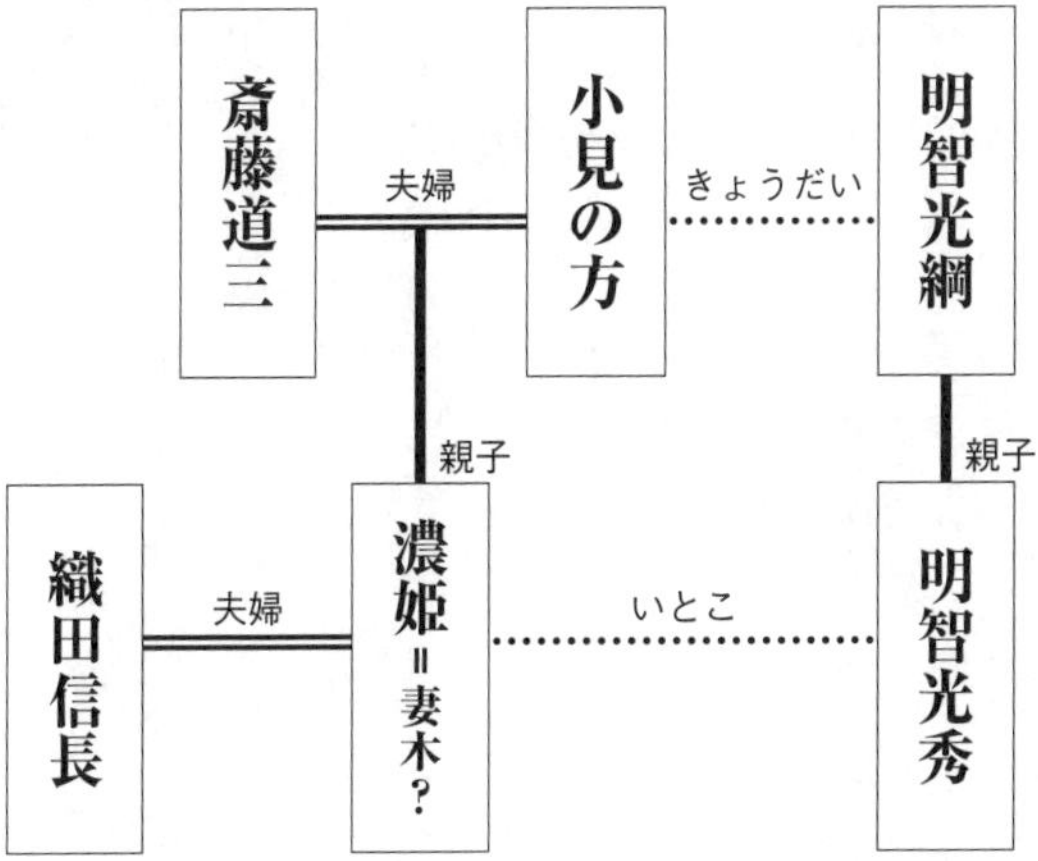

濃姫については、信長と婚姻するまでの記録はそれなりにあるのだが、それ以降の記録がほとんどない。だから戦国史の中では、謎の女性となっている。

妻木は、濃姫とは逆に婚姻以前の記録がほとんどない。

つまり、濃姫と妻木の記録をつなぎ合わせれば、一人の女性の生涯が浮かび上がってくるのである。

また、「妻木」というのは明智一族の「氏《うじ》」の一つである。

濃姫が明智一族出身であることは史実上間違いないことなので、濃姫が「妻木」と呼ばれていてもおかしくはないのだ。

濃姫と妻木が同一人物だったとすれば、

戦国史の謎のいくつかも解けることになる。

たとえば、光秀が織田家で急な出世をした理由である。

荒木村重《あらきむらしげ》などの場合は、織田家に入る前からそれなりの豪族だった。一方、秀吉も大出世をしたが、最初は小使い的な仕事から始まり、段階的に上がっていっている。

しかし光秀の場合、まったく名の知れていない人物だったのに、織田家に入ったとたんにいきなり重臣に据えられるという大抜擢を受けている。これは、光秀の能力が高かったことだけで説明するのは難しい。

が、それも、光秀が信長の正室の濃姫の近親者だったとすれば納得がいく。

そして何より「本能寺の変」についてである。

『多聞院日記』によれば、妻木は天正9年（1581）8月頃に死去している。「本能寺の変」の1年前である。

妻木（濃姫）が死去すれば、妻木（濃姫）には子供もいなかったため、光秀と織田家の縁戚関係はほぼなくなってしまう。光秀大抜擢の要因が妻木（濃姫）にあったとすれば、妻木（濃姫）の死去により光秀の立場は弱いものになったはずだ。

信長は晩年、織田家の縁戚者に権力や財力を集中させようとしていたので、織田家一門からはずれた光秀は蚊帳《かや》の外に置かれるわけである。

そのことが、光秀の心理に大きく影響したのではないか。

また、濃姫の生涯の記録が非常に少ないことも、これで合点がいく。「本能寺の変」を起こした光秀という存在は、織田家の中では最も忌み嫌われるものとなったはずなので、織田家や信長の伝記作者なども、光秀と関係の深かった濃姫の記録はあまり残していないということだろう。

現在のところ、濃姫と妻木が同一人物であったかどうかは、資料が少なすぎるので判断は難しい。後考を俟《ま》ちたい。

四国征伐問題

旧来、「四国征伐が本能寺の変の一因になったのではないか」といわれてきた。

四国征伐問題は間違いなく、光秀が謀叛《むほん》を決意した大きな要素になっているはずだ。

この四国征伐問題について検証してみたい。

戦国時代前半の四国は大名たちが入り乱れる混沌《こんとん》とした状況だったが、後半になって土佐《とさ》の国人《こくじん》、長宗我部《ちょうそかべ》氏が急速に勢力を伸ばしてきた。

長宗我部元親《もとちか》は天文《てんぶん》8（1539）年、土佐の一領主に過ぎなかった長宗我部国親《くにちか》の嫡男として生まれた。勇猛果敢な武将として知られ、21歳で家督を相続してから瞬《また》く間に版図を広げた。

長宗我部元親の特徴は、何と言ってもその軍の強さだった。

長宗我部家の家臣たちには「一領具足《いちりょうぐそく》」という伝統があった。

一領具足とは、田畑へ行くときには刀・槍《やり》・鉄砲などの武器を携《たずさ》えて、いつ招集があってもかけつけられるようにして農作業を営むということである。

この「一領具足」は「兵農分離」とは逆ではあるが、長宗我部軍の兵たちはかなり強かった。兵の動員としては優れたシステムだったのである。

長宗我部元親は、この「一領具足」のシステムを効果的に利用し、次々に周辺の勢力をなぎ倒し、天正2年（1574）には土佐を統一した。

ちなみに旧長宗我部家の家臣たちは、秀吉の天下統一が達成されたのちも「一領具足」にこだわり、「兵農分離」をなかなか受け入れなかった。本拠地である浦戸城《うらどじょう》に住んでいる家臣は、天正16年（1588）の段階では60戸に過ぎなかった。戦国の世は終わったというのに、長宗我部の家臣たちは未だに「一領具足」を続けていたのである。

長宗我部家は、経済的にも決して貧弱ではなかった。

その領地は穀倉地帯であり、土佐は木材の産地でもあった。

土佐というと、四国の裏側であり、日本の最果ての地のイメージがある。が、土佐は、九州から太平洋岸を伝《つた》って近畿《きんき》に入る航海ルートの中継地点にあたり、浦戸湾という天然の良港もあり、古くから海運業が栄えていた。

また土佐は、鯨《くじら》などの海産物にも恵まれ、良質な塩田が多い地域でもあった。

長宗我部元親は土佐を統一すると、この財力と武力によって、すぐに四国平定に乗り出した。

しかし、このときに立ちはだかったのが信長だった。

元親が土佐一国を制圧し、四国統一戦争に乗り出したとき、信長はすでに将軍足利《あしかが》義昭《よしあき》を擁《よう》して京都に旗を立て、天下に号令していた。

だから、元親の四国制覇《せいは》は、中央の政局を睨《にら》みながらとなった。

天正3年（1575）、元親は明智光秀を通じて信長に接触した。

光秀の重臣である斎藤利三《さいとうとしみつ》と元親は、縁戚関係にあった。元親としても、光秀を通じて信長に取り入るのが最も都合がよかったのである。

このこともあり光秀は、斎藤利三を通じて、織田家の長宗我部氏との交渉役という役割を担うようになっていた。

当初、信長と元親の関係は非常に良好だった。

元親は信長に対し、「嫡男の弥三郎《やさぶろう》の烏帽子親《えぼしおや》になってほしい」と懇願し、信長は「信」の一字を与え、「信親《のぶちか》」とするように回答した。元親は、信長に御礼として太刀《たち》・金・大鷹《おおたか》などを贈答した。

信長としても、四国で勢力を伸ばしている長宗我部元親が臣従の意を示していることは非常に喜ばしいことでもあった。

信長が「信」の諱《いみな》を与えたのは、前関白近衛前久《かんぱくこのえさきひさ》の嫡男の信基《のぶもと》、徳川家康《とくがわいえやす》の嫡男の信康《のぶやす》など、ごく少数である。信長は元親に、それだけ親愛と信頼を持っていたということである。

元親は、四国制覇の過程で、常に信長に報告をおこなっていた。信長はそれに対し、「異存はない」という回答をしていたので、元親としては「四国統一は、信長のお墨付きを得た」と思っていただろう。

元親が信長と接触してきた天正3年（1575）頃というのは、信長にとって天下取りの正念場の時期だった。石山本願寺との激しい戦いが続いており、本願寺を支援する毛利家との戦闘も本格化しつつあった。甲斐《かい》の武田《たけだ》信玄《しんげん》の跡を継いだ勝頼《かつより》とも死闘を続けており、到底、四国のことに構う余裕はなかった。

そのため、織田家に臣従してきた元親を厚遇し、「四国は任せる」という態度を取っていたのである。

が、元親の四国統一が現実味を帯びてくると、信長は、元親にストップをかけた。元親には土佐本国と阿波《あわ》南部の半国を与え、阿波北部と讃岐《さぬき》一国は、旧来の勢力である三好康長《みよしやすなが》に与えるという命令を出したのだ。

この「阿波北部と讃岐一国を三好康長に与える」という命令こそが、織田家所領集中政策の象徴ともいえるものだった。

前述したように、三好康長のもとには信長の三男の信孝が後継養子に入ることが決まっていた。つまり、この命令は、「織田家に阿波北部と讃岐一国をよこせ」と言っているも同然だった。

四国統一を目前にしていた元親はそれには不服であり、信長の命令に難色を示した。

そのため天正10年（1582）、信長は四国征伐を決定し、三男の信孝を総大将とする四国方面軍を編成した。

客観的に見れば、最初は「四国は切り取り放題」と言っていたのに、元親の四国統一を目前にして、それを翻《ひるがえ》した信長に無理があるように見える。

元親から見れば、「信長のごり押し」にしか思えなかったはずだ。

ただ、旧来の武家社会を壊したい信長としては、一人の大名にそうそう広い領地を持たせるわけにはいかない。

光秀は、この信長のごり押しに際して元親を説得する立場にいた。

「本能寺の変」の半年前である天正10年（1582）正月の時点でも、「長宗我部家を決して疎《おろそ》かにしないから、信長の命令を聞くように」という書状を、斎藤利三から元親に送らせている。

元親は、信長のごり押しに対して難色を示しながらも、最終段階において受け入れを決めたようである。

元親は、同年5月21日付で、「信長の要求の大部分を受け入れる」という書状を斎藤利三に送っているのだ。

「本能寺の変」の10日前のことである。

が、この書状は、「本能寺の変」までに光秀のところには届かなかった。

この書状は、当時、織田家と長宗我部家の間を取り持っていた石光《いしみつ》家の文書から発見されている。ということは、光秀に届いていないことになるわけだ。

つまり光秀は、長宗我部元親が信長の要求を受諾したことを知らずに、「本能寺の変」を起こしたことになる。

光秀に「国替え」の命令が下る

さらに光秀には「国替え問題」もあった。

「本能寺の変の直前、信長が明智光秀に転封《てんぽう》を命じた」という説がある。

これは『明智軍記』という江戸時代中期に書かれた書物に記されている。

信長の使者が来て、

「丹波と近江を収公する代わりに、これから攻め入る出雲《いずも》と石見《いわみ》を与える」

と命じたという。

光秀は、それに怒りを覚え、謀叛を決意したことが『明智軍記』に記されている。

『明智軍記』は、光秀の死から100年後くらいに書かれたものなので、一次資料とは言い難い。が、それでもまだ死後100年ということは、現在の我々が知り得ない事実が記されている可能性は大いにある。

また、前述したように織田家の状況から見ても、光秀にそろそろ転封の命令が出てもおかしくないところである。

当時、近江国《おうみのくに》の大半を織田家一門が抑えており、残っているのは光秀領くらいのものだった。織田家の家臣たちはほとんどが転封を命じられており、光秀にだけ、いつまでも転封が命じられないことのほうが不自然だった。

近江の光秀領は織田家に収公され、光秀には中国地方の土地を与えられるというのは、まったく自然な流れだった。

「丹波と近江の代わりに、出雲と石見を与える」というのは、そのままの事実ではないかもしれないが、それに近い事実があった可能性は低くない。

もしそうであったとすれば、光秀にとって我慢ならなかったということも想像に難くない。

この時点でまだ光秀に国替えの命令が出ていなかったとしても、近いうちに必ず国替えの命令が出ていたはずである。そのことは、光秀にとって大きな憂《うれ》いとなっていたと考えられる。

光秀が「本能寺の変」を起こした動機というのは、おそらく一つの理由ではなく、いくつかの要因が重なって生じたものと思われる。しかしその理由の一つに、間違いなく、信長の織田家所領集中政策への反発があったはずだ。

光秀のプライド

光秀は、近江と丹波の所領の治政に心血を注いでいた。

近江は、比叡山《ひえいざん》を焼き討ちしたのちに延暦寺《えんりゃくじ》周辺の領地を与えられたもので、国人衆や地侍《じざむらい》たちを支配するのは並大抵のことではなかった。

光秀は、国人衆や地侍たちに粘り強い対応をし、短期間で安定的な統治に成功した。丹波亀山城《かめやまじょう》があった京都府亀岡市《かめおか》では、善政の領主として慕《した》われ、現在も光秀を弔《とむら》う祭りがおこなわれている。

また、前述したように、光秀がつくった坂本城《さかもとじょう》は、宣教師ルイス・フロイスの『日本史』によると「安土城《あづちじょう》に次ぐ壮麗《そうれい》さ」だったという。

それもこれも、光秀が丹波と近江を「我が領地」と思ってのことである。もし転封になれば、せっかく築いてきた土地の者との関係もパーになる。

信長も、光秀のそういう心境をある程度は気づいていたと思われる。

というのも、織田家の重臣の中で、光秀だけにはなかなか転封を命じていないのである。

が、いつまでも光秀だけを特別扱いするわけにもいかず、柴田勝家や羽柴秀吉《ひでよし》なども国替えを普通に受け入れていることから、「光秀も納得しているはず」と見込んで、光秀に転封を命じた。

それが「本能寺の変」の直前のこととされている。

やはり、光秀にはそれが我慢ならなかったのだろう。

光秀には、強いプライドもあった。

生まれもそれなりに高貴であり、医学・鉄砲・築城など最先端の技術も持っている。人心掌握《しょうあく》術や統治能力も長《た》けている。

そういう光秀にとって、信長の歯車として一生を終えることには忸怩《じくじ》たる思いもあったはずだ。

亀岡光秀まつり［亀岡市観光協会提供］
毎年5月3日、光秀の勇壮な武者行列を再現する「明智光秀公武者行列」が城下町周辺を練り歩く。

人は自分のことを過大評価するものであり、光秀が「信長よりも自分のほうが天下人《てんかびと》にふさわしい」と考えていたとしても不思議ではない。実際に、信長よりも技術的な面では秀《ひい》でている部分が多々あったのである。

一方、信長が光秀に対し、プライドを傷つけるようなこともしたようである。

江戸時代に「本能寺の変」について書かれた物語には、「家康の饗応《きょうおう》をしていた光秀にしくじりがあり、信長が家臣たちのいる前で光秀の頭を叩いた」などという記述が出てくる。これはまったくの創作ではなく、実際に似たようなことがあったようである。同時代の史料にもそれらしき事実が記されているのだ。

フロイスの『日本史』によると、信長が、光秀の発言に気に食わないことがあり、光秀を足蹴《げ》りにしたことが記されている。

もちろんプライドの高い光秀としては耐え難かったに違いない。

「いつまでこの暴君に仕えなくてはならないのか」

と憤懣《ふんまん》を覚えたのも一度や二度ではないはずである。

京都の防御を知り尽くしていた光秀

このように、光秀が「秀吉の出世」「四国征伐」「国替え」「信長の横暴」などの問題で苦しんでいるときに、「千載一遇《せんざいいちぐう》」もしくは「悪魔の誘惑」ともいうべき大きな偶然が訪れる。

自分が出陣の用意をしていた亀山城の目と鼻の先の京都に、信長とその嫡男の信忠が滞在するというのである。しかも兵の数は少数で、無防備ともいえる状態だった。

当時、信長は近畿周辺をすでに制圧していた。織田軍の戦闘はまだ続いていたが、その戦線は、越後や中国、四国など、近畿から遠く離れた場所にあった。必然的に、織田軍はそれらの地に配置されていた。京都・大坂《おおざか》は「すっからかん」で、明智軍とその与力《よりき》たちしかいないような状態だった。

つまり、光秀がここで信長を襲撃しても、誰もすぐには助けに来られないわけだ。

こんなチャンスは二度と訪れないだろう。

しかも光秀は、京都防衛に関する専門家でもあった。

光秀は将軍足利義昭の家臣だった頃、義昭に従って京都の本圀寺《ほんこくじ》に置かれた将軍仮御所に勤めていた。永禄《えいろく》12年（1569）、信長が京都を留守にしたのを見計らって三好三人衆が将軍仮御所を襲撃したときには、光秀は防戦で活躍し、信長の援軍が来るまで仮御所を守りきった。

また、信長の家臣になってからもしばらくは、京都所司代の村井貞勝《むらいさだかつ》とともに京都の統治を任されていた。

当然、光秀は京都の地を熟知しており、いわば京都防衛の専門家でもあった。

京都防衛に関して、光秀の興味深いエピソードがある。

元亀《げんき》4年（1573）頃、将軍義昭と信長の決裂が決定的になり、信長の京都での「御座敷」をつくるべきという意見が家臣の中で出ていた。

信長が京都に滞在するときに、防備のある城のようなものがなかったからである。将軍義昭と対立すれば、京都で戦乱が起きるかもしれない。だから、京都に信長の拠点をつくっておくべきということだったのだ。

このとき、光秀は「吉田山《よしだやま》につくるべきだ」と進言している。

そして、柴田勝家、羽柴秀吉、滝川一益《たきがわかずます》、丹羽長秀《にわながひで》の4名が吉田山に下見に訪れた。が、「信長の御座敷を建てるにはふさわしくない」という結論に達し、建設は見送られた。そのため信長は、京都に滞在するときには本能寺などを利用するようになったのだ。

光秀が吉田山に御座敷をつくるように提言したのは、彼が京都防衛の専門家だったからだろう。しかし柴田ら信長の生え抜きの重臣たちは、よもや信長が京都で襲撃されるとは思っていなかったので、本気で取り組もうとはしなかった。

逆に言えば、光秀は信長が襲撃されることも想定していたということだ。光秀の心理の中に「信長だって神ではない。襲われることだってある」というものがあったわけだ。

柴田ら生え抜きの家臣たちにとって、信長は絶対的な存在だったが、光秀にとっては絶対的な存在ではなかったのだ。

そして、信長は京都に滞在しているときにリスクがある（襲撃しやすい）ということも、光秀は熟知していたのである。

そんな光秀にとって、本能寺にわずか数十人の共を連れているだけの信長を討ち取ることはわけないことだった。しかも嫡男の信忠も、本能寺からわずか2キロ程度の至近距離に滞在している。親子ともども殺害すれば、クーデターは成功するはず。「あとは決断するのみ」ということだったのだ。

そして光秀は決断した。

信長の油断をつく

天正10年（1582）6月2日、明智光秀は1万数千の軍勢を率いて、信長の宿泊する本能寺を目指した。光秀は側近にだけ事の真意を語り、兵たちには直前まで伝えなかった。中国方面とは逆の方向に進むことについて、兵士たちには「信長に閲兵《えっぺい》を受けたのちに摂津《せっつ》から出撃する」などと説明していた。兵士たちは、信長の命《めい》を受けて徳川家康を討つのではないかと噂《うわさ》していたという。

そして光秀は本能寺に到着してから、兵たちに「信長襲撃」を命じたのだ。

このとき信長には、小姓《こしょう》衆しかついていなかった。小姓衆というのは、信長の親衛隊のようなものだが、数はそう多くはない。本能寺に居た小姓衆の正確な人数はわかっていないが、多くても数十人程度だったと思われる。

なぜ信長にわずかな手勢しかいなかったのか？

当時の信長は、自ら大軍を率いて戦場に赴《おもむ》くということはほとんどなくなっていた。大軍は家臣に率いさせ、自らは監督者の立場で時々戦場に出ていく程度だったのだ。

すでに近畿一帯は完全に信長に制圧されており、「味方しかいない」という状況だった。そういう平和な場所に滞在するときに大きな軍勢を率いるのは合理的ではない。信長に危険があるとすれば味方の裏切りだが、その可能性も薄かった。

当時、信長は、最大のライバルだった武田家を滅亡させており、もはや天下を取ったも同然だった。この信長の圧倒的な権力に挑戦してくるような者が、織田家の内部から出てくるとは考えにくかった。

また織田家では、家臣の一人一人が持つ軍はそれほど大きくなかった。何人かの家臣が与力として集められ、一つの軍団を形成するシステムになっていた。だから誰かが謀叛を起こしても、周りの与力によって制圧される仕組みになっていたのだ。

もし信長が討たれるとすれば、重臣の誰かが、周辺の与力たちに気づかれないうちに一撃で信長を襲撃すること以外にはあり得なかった。

如才《じょさい》ない光秀は、信長に対して直前まで絶対服従の態度を示していたはずである。信長にしてみれば、よもや光秀が裏切るとは思ってもみなかっただろう。

その一瞬の隙《すき》を光秀はついたというわけである。

わずかな手勢しか持たなかった信長は抵抗する術もなく、光秀の謀叛はあっけなく成功した。その直後、予定どおり、信忠も襲撃。これまた難なく成功した。

これで、天下統一目前の織田家の当主とその嫡男を亡き者にしたのである。

光秀はさらに安土城まで兵を進めた。安土城の留守居役だった蒲生賢秀《がもうかたひで》らは信長の妻子を連れてすでに退去しており、光秀軍は難なく安土城をも接収した。

フロイスによると、このとき光秀は、安土城に貯蔵されていた金銀や宝物などを兵や農民などに惜しげもなく分配したという。

光秀の誤算

明智光秀には「三日天下」という枕言葉がある。

信長を襲撃して、天下を取るが、わずかな期間しか持ちこたえられなかった。

このことから、「明智光秀は、織田信長への恨《うら》みから短気を起こし、展望のない戦争をしてしまった」というふうに思われがちである。

しかし、光秀はまったく無計画だったのではない。

というより、光秀は決して早計だったわけではないのだ。

主君が斃されたとき、家中《かちゅう》は大混乱をきたす。

信長が桶狭間《おけはざま》で今川義元《いまがわよしもと》を討ったことが、織田家の急成長と今川家の没落の大きな要因となっていることは、光秀としても重々知っていたはずだ。

信長を討てば、織田家家中は大混乱をきたすだろう。しかも今は信長だけでなく、嫡男の信忠も、京都に滞在しているのだ。この両者を一度に討てば、織田家は崩壊してしまうはずだ。

実際、織田軍団の一部ではそういう状況が生まれていた。

「本能寺の変」後、信濃《しなの》・甲斐など旧武田領では国人衆が蜂起《ほうき》し、織田軍団は崩壊した。河尻秀隆《かわじりひでたか》は武田家の遺臣に殺され、森長可《もりながよし》、滝川一益は命からがら脱出した。

しかし、光秀には大きな誤算があった。

織田軍団には、羽柴秀吉や柴田勝家という非常に優れた武将がいたことである。彼らは、主君の死去にも動じずに軍団をまとめ、戦闘力を維持し続けたのである。

これは、光秀のまったくの計算外のことだった。

秀吉も、勝家も、戦闘継続中の現場に居たわけであり、信長死去の報で敵方が勢いづき、自陣営は動揺し、軍団が崩壊してもおかしくなかった。しかし、彼らは、軍団の動揺を抑え、敵の増長を許さず、すぐに明智光秀征伐の態勢を取ったのである。

これは、秀吉や勝家が優れているということであり、信長の人を見る目が確かだったということでもある。

光秀は、その点を計算違いしていた。

信長の隙をついて急襲し、あの信長を仕留めたのである。光秀も相当の武将だったことは間違いない。

しかし、光秀は信長さえ仕留めれば、それで世界が変わると思っていた。

「織田軍団は、信長で持っており、信長が斃れれば崩壊する。織田軍団を引き継いで統率できるものは自分以外にいない」と思っていた。

そこが、光秀の大きな誤算だったのである。

死んでも「光秀の天下」を許さなかった信長の反撃

それと光秀には、もう一つ、大きな誤算があった。

信長の遺骸を手に入れられなかったことである。

マスコミが未発達だった当時、「敵将を討ってさらし首にする」というのは、敵将が死んだことを天下に知らしめる最も手っ取り早い方法だった。

それは信長としても重々承知している。だから、自分の首は絶対に光秀に渡すまいと考えたのだろう。最後の最後で、光秀は信長の反撃を受けたことになる。

戦国時代、敵に討ち取られた大将はたくさんいるが、遺骸を敵に渡さなかった者はそう多くはない。討ち取られた大将というのは大抵、敵に遺骸を取られ、さらしものにされてしまう。

しかし信長はそれをさせなかった。大軍に急襲されたにもかかわらず、遺骸が敵に渡らないような処置をしたというのが、さすがに信長である。しかも、嫡男の信忠も同様に遺骸を渡していない。もしかしたら織田家にはそういう家訓があったのかもしれない。

そして、信長が首を渡さなかったことが、光秀の敗北につながるのである。

秀吉は、いわゆる「中国大返し」をおこなった際、織田家の家臣や織田方についていた武将たちに対し、「光秀につかずに秀吉軍に加担してくれ」という文書を出しまくっていた。

その文書の中には、「信長公は生存している」と記されていたものもあった。

この「信長公は生存している」という情報（誤報）はかなり効果があった。

「本能寺の変」後、京都中が大混乱しており、情報は錯綜《さくそう》していた。何が本当の情報なのか誰にもわからない。そういうなかで「信長が生きている」と言われれば、「そうかもしれない」と思うのが人情である。

「今まで再三の絶体絶命のピンチを切り抜け、今まさに天下をほぼ手中にしかけている、あの信長がそう簡単に死ぬわけはない」

「信長が生きているのに、もし光秀に加担などすれば、のちに待っているのは破滅である。そういうことは絶対に避けなくてはならない」

当時の武将たちにそういう心理が起こるのはごく自然なことだろう。

だから、光秀と関係の深い武将たちもほとんどが光秀につこうとはしなかった。

光秀と最も関係が深いとされていた細川藤孝《ほそかわふじたか》もそうである。藤孝は、光秀の与力であるうえに、信長の仲立ちによって光秀の娘（のちの細川ガラシャ）を嫡男の正室に迎えている。

が、光秀の要請を無下《むげ》に断ることもできなかったために、嫡男の正室だった光秀の娘を丹後《たんご》の山奥に幽閉し、剃髪《ていはつ》して隠居してしまった。有名な「細川幽斎《ゆうさい》」という通り名は、藤孝がこのときに名乗った雅号《がごう》である。

光秀の与力をしていた筒井順慶《つついじゅんけい》、高山右近《たかやまうこん》ら近畿の有力者たちも軒並み、秀吉についた。

そして最も誤算だったのは、秀吉の戻ってくるスピードである。

秀吉の中国作戦は難航していたはずであり、「秀吉はしばらく中国地方に釘づけになっている」と光秀は踏んでいた。中国作戦の打開のために、秀吉は信長親子に出馬を要請したくらいだったからだ。

じつは、秀吉の中国作戦はそれほど難航していたものではなかった。信長のご機嫌をとるために最後の仕上げを信長に譲っただけだったのだ。

秀吉は、信長の死を知ると巧妙に毛利方と和睦し、驚異的なスピードで戻ってきた。そのため光秀は、「本能寺の変」から11日後の6月13日、予想よりもずいぶん早く摂津と山城の境である天王山《てんのうざん》の麓《ふもと》の山崎で、秀吉軍を迎え撃つことになった。そして「主君の仇討《あだうち》」という大義名分を掲げた秀吉軍には参軍する武将も多く、光秀軍はあっけなく敗退した。

光秀が、秀吉の本当の実力を知ったのはおそらく、このときだろう。

そして、そういう秀吉を見出して大抜擢した信長の怖さを改めて思い知らされたはずだ。

光秀は、坂本城へ落ち延びようとする途中、落ち武者狩りをしていた土地の者に竹《たけ》槍《やり》で刺されて死亡した。光秀の首は付き添っていた家臣によって竹藪《たけやぶ》の中に隠されたが、土地の者に発見され、秀吉軍のもとに届けられた。

光秀の首は本能寺にさらされた。

遺骸を敵に引き渡してしまったという点においても、光秀は信長に後《おく》れをとったのである。

大村大次郎　Ohmura Ohjiro

元国税調査官。国税局に10年間、主に法人税担当調査官として勤務。退職後、ビジネス関連を中心としたフリーライターとなる。

単行本執筆、雑誌寄稿、ラジオ出演、『マルサ!!』(フジテレビ)や、『ナサケの女』(テレビ朝日)の監修等で活躍している。

ベストセラーとなった『あらゆる領収書は経費で落とせる』(中央公論新社)をはじめ、税金・会計関連の著書多数。歴史関連での主な著書に『お金の流れでわかる世界の歴史』『お金の流れで読む日本の歴史』(以上、KADOKAWA)など。学生のころよりお金や経済の歴史を研究し、別ペンネームでこれまでに30冊を超える著作を発表している。

経済戦争としての本能寺の変
光秀・信長——「人」「カネ」「土地」の真実

2020年12月4日　初版 第1刷発行

著　者——大村大次郎
発行人——星野邦久
発行元——株式会社三栄
〒160-8461 東京都新宿区新宿6-27-30
新宿イーストサイドスクエア 7F
TEL:03-6897-4611(販売部)
TEL:048-988-6011(受注センター)
装　幀——丸山雄一郎(SPICE DESIGN)
制　作——小松事務所
印刷製本所——図書印刷株式会社

Printed in Japan ISBN 978-4-7796-4214-2